그리스도인의 문제들

어떻게 극복할 것인가?

그리스도인의 문제들 어떻게 극복할 것인가?

지 은 이　맥시 더남
옮 긴 이　하도균
발 행 인　홍성철
초판 1쇄　2004년 4월 20일
발 행 처　**도서출판 세 복**
주　　소　서울특별시 중랑구 면목5동 149-6 한밀빌딩 301호
　　　　　Tel/Fax (02) 448-5562
　　　　　홈페이지: http://www.saebok.net
　　　　　E-Mail: helper@saebok.net
등록번호　제1-1800호 (1994년 10월 29일)
총 판 처　예영커뮤니케이션
　　　　　Tel (02) 766-7912, Fax (02) 766-8934
I S B N　89-86424-68-1　　　03230

값 7,000원

ⓒ **도서출판 세 복**

그리스도인의 문제들

어떻게 극복할 것인가?

맥시 더남 지음

하 도 균 옮김

도서출판 세 복

The Workbook on

Coping as Christians

Maxie Dunnam

The Workbook on Coping as Christians

목 차

서 문

　이 책은 그리스도인으로서 자신을 극복해 나가는 삶에 관한 워크북이다. 자신을 극복해 나간다는 것은 "효과적으로 투쟁하거나 헤쳐 나아가는 것"을 의미한다.

　자신을 극복해 나가는 데 도움을 주는 자료들이 필요하지 않은 사람은 없다. 우리는 매일 우리를 원상태로 돌려놓고, 침울하게 하며, 패배하도록 위협하는 여러 상황들과 문제들, 그리고 관계들을 직면한다. 그러나 나는 *자신을 이겨 나가는 것*이라는 단어를 사용하는 데 약간의 주저함이 있었다.

　왜냐하면 많은 사람들이 자신을 이겨 나가는 것에 대해 말하고 있지만, 나는 하나님의 말씀을 선포하고 가르치기를 원하는 그리스도인 사역자이기에, 단지 자아를 돕거나, 심리학적인 것에는 관심이 없기 때문이다. 얼마 동안 나는 그리스도인으로서 자신을 *정복해 나가는 것*에 초점을 맞추려고 생각했었다. 바울은 로마에 있는 그리스도인들에게 다음과 같이 편지를 썼다: "그러나 이 모든 일에 우리를 사랑하시는 이로 말미암아 우리가 넉넉히 이기느니라" (롬 8:37).

　이것은 너무 감격스러운 말이다. 그리고 이 책이 말하려는 바의 의미도 담겨 있다. 그러나 우리가 처해 있는 어려운 상황과 기독교의 복음의 내용을 심도 있게 살펴본 결과 '정복한다'라는 단어를 사용하지 않기로 했다.

　정복한다는 것은 '진압하다,' '극복하다,' 혹은 '분쇄하다,' '패배시키다'라는 의미가 있다. 그러므로 나는 그 단어를 배타적으로 사용할 수 없다. 왜냐하면 이 책에서 다루게 될 문제들의 일부분은 진압시키거나 분쇄하거나 패배시켜서 해결할 수 없는 것들이기 때문이다. 그 문제들은 우리의 삶에서 계속하여 발생하는 문제들이다. 그리고 그 문제들은 없애버려야 할 우리의 적이 아니고, 그렇다고 한번에 영원히 없애버릴 수 있는 세력들도 아니다. 그 문제들은 계속해서 우리를 찾아오며, 그러기에 우리는 종종 그 문제들을 처리해야만 한다. 그러므로 효과적으로 투쟁하거나 헤쳐 나아가는 것이 적합하다.

6주 동안, 우리는 우울증이나 죽음과 같은 가장 고통스럽고 가장 황폐한 경험들의 일부뿐 아니라, 외로움과 스트레스 같은 우리가 매일 부딪치는 핵심적인 문제들에 관심을 둘 것이다. 우리는 이러한 경험들을 드러내기 원하며, 영적인 지침, 기도 그리고 제자도에 대한 우리의 헌신에 관한 자료와 함께 하나님의 은혜의 빛 안에서 그것들을 보기 원한다. 그리고 "넉넉히 이기는" (롬 8:37) 그리스도인이 될 수 있다고 바울이 말한 바와 같이, 마침내 우리가 그렇게 되어 그리스도인으로서 문제들을 잘 대처하고 싸워 나갈 수 있는 방법을 발견할 수 있기를 바란다.

내가 『영적 훈련』(The Workbook on Spiritual Disciplines)에서 주장했던 것처럼, 훈련은 그리스도인의 삶에서 절대적으로 필요한 것이다. 우리는 한 순간의 기적으로 그리스도께 돌아올 수는 있지만, 온전한 성도가 되는 것은 일생의 과업이다. 우리는 성도라고 일컬어진다. 우리는 그리스도 안에서 자라가야 하고 (엡 4:15), 그리스도 안에서 *성숙해야* 하며 (골 1:28), 그리고 우리 안에 그리스도의 마음을 가져야 한다 (빌 2:5). 바울은 그리스도인들이 그리스도의 온전한 분량까지 자라야 한다는 그의 간절한 소망을 표현하는 데 출생의 비유를 사용했다. "나의 자녀들아, 너희 속에 그리스도의 형상이 이루기까지 다시 너희를 위하여 해산하는 수고를 하노니" (갈 4:19).

우리는 그리스도인으로서 성장해 나갈 때, 한번에 성장하지는 않는다. 우리는 훈련에 의해 성장한다. 그러므로 이 워크북의 목적은 묵상을 위한 의견과 내용을 제시하고, 의미 있고 기쁘게 효과적으로 극복해 나가는 데 필요한 자료들을 사용할 수 있도록 훈련의 길잡이를 제공하여 그리스도인으로서 효과적으로 극복해 나가는 과정을 돕는 데 있다.

계획

이 책을 전개해 나가기 위한 계획은 내가 이전에 출판한 5권의 워크북들과 같다. 이 책은 6주 과정으로 구성되어 있다. 6주 동안 개인적으로 이 책을 공부하겠지만, 일주일에 한 번씩은 다른 사람들을 만나 서로의 경험을 나누는 모임을 가져야 한다. 매일 30분씩 그리스도인으로서 자신을 극복해 가는 것에 관해 배우고, 또 거기에 적절한 의견들이나 훈련들을 배워야 한다. 대부분의 사람들은 아침 첫 시간에 30분의 시간을 할애해야 할 것이다. 그러나 아침 시간을 내기 어려우면 하루 중 언제든지 상관없지만 규칙적으로 해야 한다. 이 영적 여행의 목적은 이 책의 내용을 우리의 일상 생활에 정착시키는 것임을 잊어서는 안 된다.

이 워크북은 여섯 과로 나뉘어져 있으며, 각 과는 일주일에 한 과씩 다루도록 되어 있다. 각 과는 일곱 부분으로 구성되어 있는데, 하루에 한 부분씩 다루도록 되어 있다. 그리고 하루는 다시 두 가지 주요 부분, 즉 훈련에 관한 내용 읽기와 묵상하고 기록하기로 나누어진다.

비록 많은 내용은 아니지만, 매일 우리가 반드시 극복해 나가야 할 문제, 경험, 관계 그리고 상황에 관한 자료를 읽어야 한다. 물론 이 가운데는 성경 말씀도 포함되어 있다. 성경은 그리스도인의 훈련과 삶에 기본이 되는 자료이다. 성경 이외의 자료 인용은 저자의 이름과 페이지를 적어 놓았다. 이러한 인용문들은 이 워크북의 뒤에 있는 참고 도서에 나열되어 있다.

이 책을 공부하다가 ＊＊＊와 같은 기호를 보게 될 것이다. 이 표시에 이르게 되면 더 이상 진도를 나가지 말고 멈추어야 한다. 더 이상 읽지 말라. 그리고 서로 나눈 의견들 또는 묵상된 경험을 내면화하기 위하여 책에서 지시하는 대로 생각하고 묵상해야 한다.

묵상하고 기록하기

그리고 나서 하루도 빠짐없이 묵상한 것을 기록하는 시간을 갖게 될 것이다. 이 때 당신이 느끼고 깨달은 것들을 기록하게 될 것이다. 당신이 실제로 얼마나 성실하게 실천하느냐에 따라 이 책을 통하여 얻는 의미가 달라질 것이다. 어떤 날은 요구 사항들을 정확하게 실행에 옮기지 못할 수도 있을 것이다. 이런 경우에는 제대로 하지 못한 사실과 원인을 기록해 두라. 이렇게 할 때 당신은 자신에 대한 통찰력을 얻게 되고, 당신이 성장하도록 도울 것이다.

또한 시간이 모자라는 경우도 생길 수 있는데, 이러한 경우에는 당신에게 가장 의미 있는 것을 먼저 하라. 그리고 *죄책감*을 갖지 않도록 하라.

우리에게 중요한 것은 성장하는 것이지 완전함을 이루는 것이 아니다. 그 날에 해야 할 일을 다 하지 못했다고 해서 죄책감을 느낄 필요는 없다. 이 책의 내용과 방향을 진지하게 따라가되 맹목적이어서는 안 된다. 언제나 이것이 개인적인 순례의 길임을 명심하라. 당신이 이 책에 써놓은 기록들은 당신의 재산이 될 것이다. 당신은 아마도 그것을 누구와도 나누기를 원하지 않을 것이다. 당신이 기록한 것의 중요성은 그것이 다른 누구에게 의미를 주느냐 하는 것이 아니라 바로 당신에게 어떤 의미를 주느냐이다. 그러므로 두 사람이 책 한 권을 같이 사용하지 말라. 기록한 내용들은, 짧은 문장이든 또는 한 단어이든, 당신의 느낌과 생각을 분명하게 해 주는 데 도움이 될 것이다.

묵상과 기록이 중요한 이유는 당신이 그렇게 해 나갈 때 성장하기 때문이다. 6주간의 모든 과정이 끝난 후에도, 어떤 특별한 상황에 대해 전에 남겨 놓았던 기록을 되돌아보면서 그 의미를 발견하게 될 것 것이다.

함께 나누기

기독교 경건 운동의 역사를 보면 영적 지도자나 인도자는 중요한 사람이었다. 정도의 차이는 있지만, 우리들 대부분은 영적인 순례의 길을 가는 데 도움과 지도를 받는 영적인 지도자가 있다. 당신이 어떤 모임에 참석하지 않고도 개인적인 모험으로 이 책을 사용할 수 있기 때문에 이 워크북은 영적인 안내자 역할을 할 수 있다.

그러나 이 책에서 얻어진 내용을 여덟 내지 열두 명의 다른 사람들과 나눈다면 그 의미는 강화될 것이며, "만인제사장"이라는 개념이 생생하게 구현될 것이다. 그리고 다른 사람들의 통찰력이 더해 가는 것을 통해 당신이 배울 수도 있으며, 그들 역시 당신의 통찰력으로부터 유익을 얻을 것이다.

존 웨슬리(John Wesley)는 "그리스도인의 대화"가 그리스도인을 위한 은혜의 수단이라고 믿었다. 그는 이것을 통해서 그리스도인들이 여러 가지를 같이 생각하고, 진지하게 대화하며, 그들의 기독교적인 경험과 이해를 계획적으로 나눌 수 있다고 생각했다. 웨슬리는 이 훈련을 위한 하나의 도구로 "속회"를 만들었다. 그리스도인들이 서로 대화하고 삶을 나누는 교제 안에서는 "한 사람의 사랑하는 마음이 다른 사람에게 영향을 끼친다." 그러므로 매주의 모임은 은혜의 수단이 될 것이다. 나눔을 위한 지침은 매 주말의 본문에 제시되어 있다.

만약 그룹을 만들어 이 교재를 사용한다면 모든 구성원들은 똑같이 같은 날 시작해야 한다. 그래야 그룹이 모여 어떤 내용을 나누고자 할 때 같은 장소에서 같은 내용을 다룰 수 있게 된다. 그리고 이 과정을 시작할 때 먼저 "친숙해지기 위한 첫 모임"을 갖는 것이 도움이 된다. 이 첫 모임에 대한 지침은 서론의 마지막

부분에 실려 있다.

이 책을 그룹에서 사용할 경우에는 첫 모임을 제외하고 다른 모임은 한 시간에서 한 시간 반 정도 소요되도록 제작되었다. 모든 구성원들은 비상 사태인 경우를 제외하고는 매 시간 빠지지 않고 출석하도록 서약해야 한다. 친숙해지기 위한 첫 모임에 이어 여섯 차례의 모임을 갖게 될 것이다.

한 그룹은 여덟 명에서 열두 명으로 구성하는 것이 적당하다. 그 이상이 되면 개인의 참여율이 떨어진다.

한 사람이 전체 6주 동안 모임을 인도할 수도 있고, 아니면 매주 한 사람씩 돌아가면서 하는 것도 괜찮다. 다음은 인도자가 할 일이다.

▶ 미리 해당 부분의 내용을 읽고 모임을 어떻게 진행할지를 결정하라. 이 책에서 제시된 '함께 나누고 기도하기'의 내용을 모두 다루기가 불가능할 수도 있다. 그 때에는 가장 의미 있고 주어진 시간에 적합하다고 생각되는 내용을 선택하라.

▶ 열린 마음으로 정직하고 따뜻한 분위기를 만들라. 인도자 자신이 나누기를 꺼려하는 부분을 다른 사람들에게 나누라고 요청해서는 안 된다. 특별히 개인적인 경험에 관련된 이야기는 대개 인도자가 먼저 나누어야 한다.

▶ 토론을 적당히 조절하라.

▶ 소극적인 구성원들은 격려하여 참여시키고, 말을 많이 하는 사람들은 통제하라.

▶ 학문적인 이야기보다는 개인적인 경험을 나누도록 격려하라.

▶ 계획한 시간을 잘 지켜라. 만약 시간이 더 필요하다면 인도자는 20분 또는 30분 정도 더 연장할 수 있도록 동의를 구해야 한다.

▶ 모든 구성원이 모임 시간과 장소를 알고 있는지 확인하되, 특별히 다른 집에서 모임을 가질 경우 반드시 확인하라.

▶ 모임에 필요한 자료가 준비되었는지, 모일 장소가 사전에 준비되었는지 확인하라.

주간 모임은 참석자의 가정에서 갖는 것이 바람직하다. (집주인은 아이들이나 전화, 애완 동물 등의 방해를 최소한으로 줄이도록 배려해야 한다.) 만약 교회에서 모임을 갖는다면 비공식적인 분위기가 되도록 해야 한다. 참석자들은 간편한 복장으로 긴장하지 않고 편안하게 참석하도록 한다.

만약 다과가 있으면 모임이 끝난 후에 나누도록 해야 한다. 이렇게 하여 자유롭게 대화를 더 오래 나누고 싶은 사람은 남고, 특별한 시간 계획이 있는 사람들은 자유롭게 떠날 수 있어 모임 시간의 진정한 가치를 높여 주게 될 것이다.

첫 모임에서 친숙해지기 위한 제안

첫 모임은 서로 친숙해지고 함께 이 여정을 떠나기 위한 것이 그 목적이므로 다음과 같이 시작한다 (이름표가 필요한 경우 나누어 주라).

1. 각자 자기 이름을 소개하고 자신을 어떻게 부르면 좋을지 밝힌

다 (모든 참석자의 이름을 각자의 워크북 한편에 적어둔나).

2. 한 사람씩 돌아가면서 자신이 지난 3-4주 동안 겪은 경험들 가
   운데 가장 행복했고, 흥분되었으며, 의미 있었던 일들을 나누
   도록 한다. 모든 사람들이 나누었으면, 그룹 구성원 전체가 송
   영을 부르거나 "만복의 근원 하나님"을 함께 부른다.

3. 행복했던 경험을 나눈 다음, 이 과정에 참여하면서 기대하는
   바를 나누도록 요청한다: 왜 이 모임에 참석하였는가? 이 모임
   에서 무엇을 얻기 원하는가? 우려되는 점은 무엇인가?

4. 인도자는 이제 이 책의 서론을 검토하고 지침과 진행에 관해
   질문이 있는지 확인한다 (이 말은 인도자가 서론을 미리 읽어
   두었음을 뜻한다). 워크북을 받지 못한 사람이 있으면 이 때 나
   누어 준다. *각자가 자신의 워크북을 소지해야 한다는* 사실을 명
   심하라.

5. 이러한 첫 모임을 가지고 난 다음에 모인 날이 첫째 주의 첫째
   날이 되므로, 두 번째 모임은 첫째 주의 일곱째 날에 가져야 한
   다. 만약 첫 모임 후 일곱째 날에 주간 모임을 가질 수 없다면,
   모임 시간에 맞추어 읽기 과제를 나누어 주되, 주간 모임은 항
   상 일곱째 날에 갖고, 첫째 날은 항상 주간 모임 다음에 갖도록
   한다.

6. 서로를 위해 기도하는 것만큼 모임을 결속시키는 것은 없다.
   인도자는 참석자 각자가 다른 참석자 모두의 이름을 워크북에
   적고 6주 내내 그들의 이름을 불러가며 매일 기도하도록 격려
   해야 한다.

7. 참석자들이 다음 모임 시간과 장소를 아는지 확인한 후, 인도

자는 그룹의 각 사람을 인해 하나님께 감사드리고, 영적 훈련을 통해 성장할 가능성과 기회를 구하는 기도를 드림으로 마무리한다.

지침 사항: 만약 그룹의 일원 중에 즉석 카메라를 가지고 있는 사람이 있으면, 다음 주 그룹 모임에 가져오도록 하라. 그리고 기도의 도움 자료로 사용하도록 구성원 각자의 사진을 찍도록 준비하라.

첫째 날　우리가 가장 안전하다고 생각하는 바로 그 때

어느 날 레오나르도 다빈치(Leonardo da Vinci)가 그의 명작 "최후의 만찬"에서 예수님의 얼굴을 그리고 있었다. 12년 동안 그는 그 작품을 그려왔었고, 거의 완성되고 있었다. 그러나 예수님의 얼굴이 있어야 할 곳에는 빈 공간으로 남아 있었다. 작품을 위한 영감을 얻기 위하여 레오나르도는 그의 학생 중 한 명에게 요한복음 13장을 읽게 했다. 이 장은 예수님에 대해서 말해 주고 있는데, 예수님이 제자들과 함께 최후의 만찬을 하시며, 대야와 수건을 가져다 제자들의 발을 씻기시며, 자신이 누구인지 인상적으로 그리고 있다.

그 성경의 이야기가 거의 끝나갈 무렵, 예수님의 형상, 곧 생명이 충만한 그분의 얼굴이 레오나르도의 마음에 그려지기 시작했다. 바로 그 때, 다른 학생들이 갑자기 그 방으로 뛰어 들어와 소리쳤다.

"선생님! 마침내 선생님을 찾았습니다. 저희는 공작 부인께서 보내서 왔습니다."

"무슨 일인가?" 레오나르도가 물었다.

"레오나르도 선생님! 문제가 생겼습니다. 목욕탕에 있는 배관이 고장났습니다."

"이해할 수가 없구나. 네가 보다시피 나는 바쁘단다. 조라 아스트로(Zorra Astro)를 찾아 그에게 그 배관을 고쳐 달라고 하렴."

"오, 안 됩니다." 그 학생이 단호히 말했다. "공작 부인께서 꼭 당신과 함께 와야 한다고 명령하셨습니다."

레오나르도는 그가 하던 작업을 계속 하려고 했다. 그러나 소용없었다. 그의 마음 속에 그려졌던 형상은 사라져 버렸다. 그는 예수님의 얼굴을 그리는 것을 중단한 채, 천천히 물감상자를 닫고, 작업대에서 내려와 고장난 배관을 고치기 위해 갔다.

늘 그런 일이 생기지 않는가? 모든 일이 잘 되어가고 있을 때, 방해가 있게 된다. 우리가 해야 하는 중요한 일이 어떤 현실적인 요구로 우리의 주의가 딴 곳으로 돌려졌을 때 그것을 포기해야 한다. 이것은 우리가 자신을 극복해 나가는 일을 시작하는 데 좋은 사례가 된다. 왜냐하면 더 일상적인 것도 없고 더 싫증나는 것도 없기 때문이다. 시인 로버트 브라우닝(Robert Browning)은 "블로그램 주교의 변명"(Bishop Blougram's Apology)에서 다음과 같이 썼다:

우리가 가장 안전한 바로 그 때,
일몰(日沒)의 기운,
…누군가의 죽음이 있네.
유피리데스(Euripides)의 합창곡 끝,
그리고 그것은 50개의 희망과 두려움으로 가득 차 있네.

브라우닝은 우리가 나중에 맞이하게 될 죽음 같이 심오하고 삶을 파괴할 방해에 대해 말하고 있었다. 그의 시는 모든 방해들이 어떠한 것인지를 보여 주는 좋은 예이다. 우리가 안정될 바로 그 때, 우리가 가장 안전할 때, 모든 것이 순조롭게 진행되어 간다고 생각할 때, 거기에는 "일몰의 기운"과 같은 방해, 즉 이혼, 실직, 중대한 사고, 낯선 도시로의 전출, 심각한 재정적인 어려움, (당신 자신 혹은 가족의) 질병, 많은 주의를 요하는 관계의 분열이 있다.

묵상하고 기록하기

지금 잠시 멈추어서 서너 달 전의 모습을 돌이켜 보라. 그리고 중요하게 여길 수 있는 모든 방해들의 목록을 만들어 보라.

이제 당신의 목록을 보라. 어느 것이 *가장* 심각한가? 그 심각한 방해에 대해 당신이 할 수 있는 만큼 많이 생각해 보라. 그것이 당신의 생활을 방해했는가? 당신을 미치게 했는가? 일어난 일에 대해 딩신의 느낌, 반응을 한 문단으로 기록하라.

이 성경 말씀을 읽고 묵상해 보라

여호와께서 그 조화의 시작 곧 태초에 일하시기 전에 나를 가지셨으며, 만세 전부터 상고부터 땅이 생기기 전부터 내가 세움을 입었나니, 아직 바다가 생기지 아니하였고 큰 샘들이 있기 전에 내가 이미 났으며, 산이 세우심을 입기 전에 언덕이 생기기 전에 내가 이미 났으니, 하나님이 아직 땅도, 들도, 세상 진토의 근원도 짓지 아니하셨을 때에라. 그가 하늘을 지으시며 궁창으로 해면에 두르실 때에 내가 거기 있었고, 그가 위로 구름 하늘을 견고하게 하시며, 바다의 샘들을 힘 있게 하시며, 바다의 한계를 정하여 물로 명령을 거스리지 못하게 하시며, 또 땅의 기초를 정하실 때에 내가 그 곁에 있어서 창조자가 되어 날마다 그 기뻐하신 바가 되었으며, 항상 그 앞에서 즐거워하였으며, 사람이 거처할 땅에서 즐거워하며 인자들을 기뻐하였었느니라.

잠언 8:22-31

성경 기자는 우리에게 우리가 누구인가, 즉 영생을 가진 사람, 하나님 안에서 생명을 가진 사람임을 상기시켜 준다.

우리가 날마다 방해를 받고 살아가는 만큼 자신의 비전 또한 이루어져 가고 있다는 것을 잠시 묵상해 보라.

✳   ✳   ✳

하루 동안

오늘. 방해가 있을 때--어떤 방해든, 심각하거나 사소한 것이든
지--당신이 위치하고 있는 하나님의 영원한 시간대를 기억하라.
그리고 그 방해가 어떻게 극복되는지 보라.

둘째 날 방해를 통제하기

노만 쿠진스(Norman Cousins)는 『토요 평론지』(The Satur-
day Review)의 편집자로서 "방해 통제하기"라는 글을 썼었다.

당신은 당신이 방해 때문에 사방팔방으로 끌려 다닐 때, 그 방
해를 통제하려고 노력하면서, 그 방해를 처리하려고 애쓰면서,
원래의 방향으로 계속 가려고 노력하면서, 당신의 삶을 소비하고
있다고 느끼는가?

이것은 우리의 삶을 힘들게 하는 원인들 중 하나이다. 이런 방
해들은 자신의 정체를 알리지 않는다. 방해의 심각성은 그 본질
에 달려 있지만, 또한 방해가 돌연히 우리를 찾아올 때 우리의
삶 가운데 진행되고 있는 일에도 달려 있다.

당신은 어제 지난 몇 달 동안 경험한 몇몇 심각한 방해 목록을
작성했다. 이러한 심각한 방해들은 종종 우리 대부분의 사람들에
게는 오지 않지만, 콘프레이크 낱알만큼 흔히 찾아볼 수 있는 사
소한 것들도 있다. 그들은 우리를 짜증나게 하고, 우리의 계획,

관계, 직업 그리고 에너지를 사정없이 파괴시킨다.

사소한 방해들로는 우리가 중요한 약속 때문에 막 나가려할 때 걸려오는 전화, 예기치 않은 손님, 저녁 식사 초대를 위해 마지막으로 음식을 준비를 하고 있을 때의 정전, 배가 아파서 갑자기 학교에서 아이를 데려와야 하는 경우들이 있으며, 이 목록은 계속 해서 써 나갈 수 있을 정도로 많다.

만약 우리가 이러한 사소한 방해조차 극복하는 것을 배우지 않는다면, 그것들은 우리의 신경을 쇠잔케 하며, 우리가 보다 의미 있게 써야 할 힘을 고갈시킬 것이고, 우리의 정신을 착란케 하며, 중요한 관계를 분열시킬 것이다.

방해들은 사라지지 않는다. 그것들은 우리의 일상 생활에 침투하기 위해 계속해서 예고 없이 찾아올 것이다. 삶이 바로 그러한 것이다. 예수님은 이러한 방해들에 대해 알고 계셨다. 여기 하나의 적절한 예가 있다.

> 사도들이 예수께 모여 자기들의 행한 것과 가르친 것을 낱낱이 고하니, 이르시되 너희는 따로 한적한 곳에 와서 잠깐 쉬어라 하시니, 이는 오고 가는 사람이 많아 음식 먹을 겨를도 없음이라. 이에 배를 타고 따로 한적한 곳에 갈 새, 그 가는 것을 보고 도보로 그곳에 달려와 저희보다 먼저 갔더라. 예수께서 나오사 큰 무리를 보시고 그 목자 없는 양 같음을 인하여 불쌍히 여기사, 이에 여러 가지로 가르치시더라.
>
> 마가복음 6:30-34

이 구절은 예수님이 집중적으로 사역하셨던 기간 다음에 일어난 일이다. 만약 당신이 마가복음 5장을 본다면, 예수님이 일하

심으로 고침을 받아 "옷을 입고 정신이 온전하여"진 (막 5:15) 귀
신들린 자의 이야기를 읽게 될 것이다. 그리고 회당장인 야이로
가 예수님에게 와서 그분의 발 아래 엎드려, 거의 죽어가고 있는
자신의 딸을 와서 치료해 주실 것을 위해 간구할 때, 이에 응하시
는 예수님에 대해서도 읽을 것이다. 또 열두 해를 혈루병으로 앓
는 한 여인의 믿음에 대한 놀라운 이야기도 읽을 수 있다. 이 여
인은 무리 가운데 섞여 단지 예수님의 옷자락을 만졌지만, 예수
님은 그것을 알고 그 여인의 믿음에 대해서 반응하셨다: "딸아,
네 믿음이 너를 구원하였으니, 평안히 가라. 네 병에서 놓여 건강
할지어다" (막 5:34).

집중적인 사역과 제자들이 사역하도록 보내고 난 후, 예수님은
모든 제자들이 쉼과 회복이 필요하다는 것을 아셨다. 그래서 그
는 갈릴리바다 건너 그들이 쉴 수 있고 잠잠히 삶을 나누고 함께
기도할 수 있는 한적한 장소를 찾을 것을 제안하신 것이다. 그러
나 그들이 조용히 묵상할 수 있는 장소를 마련할 때, 사람들은
그가 가려는 장소를 찾아내고 그를 방해한다. 그리고 그것은 다
시 반복되어진다. 사람들은 자신들의 필요를 요구함으로 예수님
을 압박한다.

우리는 예수님으로부터 우리의 삶을 파괴하는 방해를 허락하
지 않아야 하는 것을 배울 수 있다. 그 대신 우리는 그 방해를
우리의 삶에 의미 있게 받아들일 수 있다.

예수님은 분명한 목적이 있었기 때문에 그의 삶에 방해를 받아
들일 수 있었다. 그의 소명과 존재의 목적은 방해를 그의 삶에
연결시키고 받아들이는 힘이었다. 이것이 바로 우리의 지침이다:

방해와 맞서 싸워 나가기 위해서 우리는 목적을 가져야 하고 그 목적을 명확히 유지해 나가야 한다.

그 목적이 가지고 있는 능력은 예수님 안에서 너무도 분명히 드러난다. 그는 결코 그 목적을 잃어버리지 않으셨다. 그는 광야에서 사십 일 동안 금식하셨을 때 처음부터 그 목적을 자신의 삶에 분명히 하셨다. 그는 돌을 떡으로 만드는 마술사가 되지 않으셨고, 열방을 다스리는 능력 있는 지도자가 되지도 않았으며, 산 중턱에서 뛰어내림으로 자신에게 주의를 끌게 하는 수퍼 스타가 되지도 않으셨다. 예수님은 그의 목적을 분명하게 말씀하셨다. "인자는 섬김을 받으려 함이 아니라 섬기러 왔다" (막 10:45). 그는 모든 사람들이 자신에게 관심을 보였을 때조차 자신이 가지고 있던 목적을 잊지 않으셨다.

묵상하고 기록하기

당신이 지난 2-3일 동안 경험했던 상이한 대여섯 가지의 '사소한' 방해들을 열거해 보라.

방해   반응

각각의 방해는 당신이 그것들에 대해서 반응했던 감정들, 즉 당신이 방해 때문에 잃어버렸다고 생각했던 시간, 관심과 초점이 전환되었다고 느꼈던 감정들을 담고 있다. 당신은 이전에 행하던 궤도로 다시 돌아간다는 것이 어렵다는 것을 발견했는가? 만약 당신을 방해했던 사람이 있었다면 당신은 그 사람에 대해 어떻게 느꼈는가? 당신의 감정을 표현했는가 혹은 억압했는가? 지금 그러한 것들을 기록하라.

✻　　✻　　✻

내일 우리는 방해거리들을 극복해 나가는 것에 대해 예수님으로부터 또 다른 교훈을 배울 것이다. 지금 곧 당신 자신에게 물어보라: 나는 방금 생각해 보았던 것과 같은 사소한 방해들, 혹은 어제 목록을 작성한 것과 같이 심각한 방해들이 삶을 전환시키며 파괴할 때, 나의 소명과 목적을 더 분명히 하였는가?

하루 동안

우리는 단순히 다음과 같이 주의를 집중함으로 사소한 방해를 대처해 나갈 수 있다. 내가 돌보아야 할 사람들이 포함되었는가? 이 상황은 내가 시간을 투자할 가치가 있는 것인가? 나는 내가 해야 할 다른 일을 남겨 둔 채 잠시 동안 나의 생각을 집중시킬 수 있는가? 그래서 나의 마음을 두 곳으로 분산시킴으로 혼란되지 않거나 에너지가 고갈되지 않을 수 있는가? 내가 어디로 끌려

다니는 존재라기보다 무엇으로부터 붙잡힌 존재라는 것이 더 중
요한가?

　전망과 목적을 분명히 하기 위하여 각각의 방해에 충분한 주의
를 집중하라.

셋째 날　사람은 궁극적인 가치를 지닌 존재이다

　예수께서 배를 타시고 다시 저편으로 건너가시매 큰 무리가 그에
게로 모이거늘, 이에 바닷가에 게시더니, 회당장 중 하나인 야이로
라 하는 이가 와서, 예수를 보고 발 아래 엎드리어 많이 간구하여
가로되, "내 어린 딸이 죽게 되었사오니, 오셔서 그 위에 손을 얹
으사 그로 구원을 얻어 살게 하소서" 하거늘, 이에 그와 함께 가
실 새 큰 무리가 따라가며 에워싸 밀더라.
　열두 해를 혈루증으로 앓는 한 여자가 있어, 많은 의원에게 많
은 괴로움을 받았고 있던 것도 다 허비하였으되, 아무 효험이 없
고 도리어 더 중하여졌던 차에, 예수의 소문을 듣고 무리 가운데
섞여 뒤로 와서 그의 옷에 손을 대니, 이는 내가 그의 옷에만 손을
대어도 구원을 얻으리라 함일러라. 이에 그의 혈루 근원이 곧 마
르매 병이 나은 줄을 몸에서 깨달으니라. 예수께서 그 능력이 자
기에게서 나간 줄을 곧 스스로 아시고, 무리 가운데서 돌이켜 말
씀하시되, "누가 내 옷에 손을 대었느냐?" 하시니, 제자들이 여
짜오되, "무리가 에워싸 미는 것을 보시며, 누가 내게 손을 대었
느냐 물으시나이까?" 하되, 예수께서 이 일 행한 여자를 보려고
둘러보시니, 여자가 제게 이루어진 일을 알고, 두려워하여 떨며 와
서 그 앞에 엎드려 모든 사실을 여짜온대, 예수께서 가라사대,
"딸아, 네 믿음이 너를 구원하였으니, 평안히 가라. 네 병에서 놓
여 건강할지어다."

마가복음 5:21-34

이것은 신약성경에 있는 이야기들 가운데 가장 흥미진진한 이야기 중 하나이다. 이 이야기는 치유하러 가시는 도중에 일어난 치유의 이야기이다. 예수님의 생애에 경험하신 많은 방해 중 하나이다. 그는 야이로의 딸을 치유하러 가는 중이었고, 떠미는 무리 중에서 무슨 일이 일어나는 것, 즉 누군가 그를 만지는 것을 느끼셨다. 이 여자가 행한 일은 얼마나 대범한 일인가! 믿음과 신뢰 속에서 과감하게 포기한 일은 단지 예수님의 옷의 가장자리만을 만지는 것이었다. 그녀가 그렇게 하였을 때, 예수님은 그녀를 치유하셨다.

만일 우리가 사람들이 영원한 가치를 지니고 있는 존재라는 관점을 가지고 있다면, 우리는 방해들을 극복해 나갈 수 있고, 그들을 우리의 삶 가운데로 긍정적으로 받아들일 수 있다. 우리는 그러한 관점 안에서 삶과 사랑은 "방해"가 될 수 있다는 것을 깨닫는다. 심각한 문제로 고심하고 있을 때 전화가 오기도 한다. 그리고 아주 중요한 약속을 준비하기 위해 최선을 다하여 정신을 쏟고 있는 한낮에 누군가 대문을 노크하기도 한다. 또한 내일 해야 할 일 때문에 쉼이 절대적으로 필요한 밤중에 전화가 오기도 한다. 우리가 사람들에 대해 올바른 관점을 갖고 있을 때 삶과 사랑은 방해가 될 수 있다.

나는 남부 캘리포니아에 있는 훌륭한 감리교 목사인 친구가 있다. 그의 이름은 스키드모어(Skidmore)였다. 우리는 그를 스키드라고 불렀다. 그가 51세 때, 그의 의사는 그에게 수술 불가능한 암이 있어서 그가 6개월밖에 살 수 없다고 진단했다. 그는 그의 회중에게 다음과 같은 편지를 썼다:

사랑하는 믿음의 친구들에게

"내일 일을 염려하지 말라"는 예수님의 산상수훈의 진정한 의미를 배우는 데 지금까지 살아 온 51년 그리고 그리스도인으로 33년이 걸렸습니다. 나는 야망이 있는 사람이었습니다. 그래서 나는 평범한 사람들을 싫어했습니다. 항상 내 안에는 다른 사람들보다 뛰어나고자 하는 열망이 있었습니다. 이러한 방식으로 살아오면서 나는 성급했고, 불안했으며, 무뚝뚝하였고, 종종 불친절했습니다. 나의 목표들은 멀리 있었고 강제적인 것이었습니다. 결과적으로 나는 내 앞에 있는 사람에게 최선을 다하지 못했습니다. 왜냐하면 나는 벗어난 그 목표와 계획을 향한 방법을 생각하고 있었기 때문입니다. 그러나 이제 모든 것이 다릅니다. 나의 열망은 사라졌습니다. 내가 얼마나 더 오래 살지도 모릅니다. *그러나 한편으로는 오늘이라는 시간이 있습니다.* 그러므로 매일의 시간은 나에게 있어서 이전보다 더 의미가 있습니다. 요즈음 내가 만나는 각 사람은 이전에 내가 그랬던 것보다 나에게 있어서는 더 소중할 수 있습니다. 그리고 요즈음 내가 만나는 각 사람과 함께 한 그 순간들이 나에게 있어서는 더 소중할 수 있습니다. 지금 내가 많은 것을 얻을 수는 없겠지만, 삶은 훨씬 더 평화스럽습니다. 마침내 나는 "너의 삶을 염려하지 말라"는 말씀이 예수님께서 나를 위해 하신 말씀으로 받아들이게 되었습니다.

나는 그가 쓴 편지에서 한 문장을 좋아한다. "요즈음 내가 만나는 각 사람과 함께 한 그 순간들이 나에게 있어서는 더 소중한 것일 수 있습니다." 삶과 사랑은 방해받을 수 있다. 우리는 스키드로부터 배울 필요가 있다. 암이라는 방해물은 그를 좌절시키지 못했다. 그는 그의 목적을 분명히 했으며, 사람들은 궁극적인 가치를 지닌 존재라는 관점을 다시 갖게 되었다.

묵상하고 기록하기

당신이 첫째 날 목록을 작성하였던 심각한 방해들을 여기에 다시 한 번 기록하라.

이러한 방해들을 어떻게 다루었는지 되돌아보면서, 만약 당신이 그 목적을 더 분명히 했었더라면 거기에 어떠한 차이가 있었겠는가? 그리고 만약 사람이 궁극적인 가치를 지닌 존재라는 관점에 더 다가설 수 있었더라면 거기에는 어떠한 차이가 있었겠는가? 만약 그 차이가 있었다면 그 차이에 관한 것을 이곳에 기록하라.

하루 동안

오늘 내가 만난 각 사람과 함께 한 그 순간들이 나에게 있어서 소중한 것일 수 있도록 만들라.

넷째 날   당신이 긍정하는 것을 자연(自然)이 부인할 때

인생의 고비와 전환을
기록에 남기는 자여,
기록해 보라, 자연이 처음으로 그대가 긍정하는 것을
노골적으로 부인하고, 웅대한 경멸로 휩쓸며
그대를 짓밟는 때를. 애초에 우린 모두
새들과 함께 노래하며, 손에 손잡고
6월의 나날과 더불어 재빠르게 뛰어다닌다: 그러나 단번에
새들은 우리 귀에 거슬리는 노래를 부르며, 햇볕은
마치 원수의 손아귀에 잡힌 친구의 칼이
칼날에 새겨진 친밀한 이름을 보는 사이 베어버리듯
우리들을 칠 수밖에 없다!
그 순간은 쓰라리나 수긍하리라: 그 후로부터
우리는 좀처럼 의심할 수 없다: 무언가가
창조만물의 거대하고 순조로운 질서 속에
어긋났다는 것을...

> 엘리자베스 바렛 브라우닝 (Elizabeth Barrett Browning)
> "오로라 레이" (Aurora Leigh)

"당신이 긍정하는 것을 자연이 부인할 때." 그것은 현란한 모습이다. 우리 대부분은 자연이 "경멸스러운 많은 쓰레기로"〔우리를〕 짓밟아버리는 일이 일어날 때까지 그렇게 오래 살지 않는다. 그것은 인간이 된다는 것을 잘 의미하는 부분이다. 그래서 우리는 방해는 물론 *제한*을 가지고 살아야만 한다.

극적인 다음의 사례들이 있다:

► 자동차 사고가 전도 유망한 젊은이를 불구로 만들고, 그의 삶을 완전히 다른 방향으로 내몰거나 혹은 아무런 희망도 없는 곳으로 몰아낸다.

► 출생 때 갖게 된 결점이 아기의 삶을 제한한다.

► 강력한 폭풍이 한 마을을 파괴시킨다.

► 사업의 실패가 가정의 안정을 파괴시킨다.

► 해산하는 중에 아기에게 불미스러운 일이 발생하여 마비된 상태로 출생하여 평생 휠체어를 타게 된다.

► 질병은 사랑하는 아내가 불과 마흔두 살이었을 때 그녀를 앗아가 버린다.

우리는 이러한 사례들을 계속 열거할 수 있지만, 이러한 그림은 우리가 종종 보고 미혹되었던 어둡고 비참한 것이다. 그래서 우리는 그 그림을 색칠할 필요가 없다. 이 그림은 삶 자체이며, 자연이 우리가 긍정하는 것을 부인하는 것이다.

여기 바울의 이야기의 일부가 있다.

무익하나마 내가 부득불 자랑하노니, 주의 환상과 계시를 말하리라. 내가 그리스도 안에 있는 한 사람을 아노니, 십사 년 전에 그가 셋째 하늘에 이끌려 간 자라 (그가 몸 안에 있었는지 몸 밖에 있었는지 나는 모르거니와 하나님은 아시느니라). 내가 이런 사람을 아노니 (그가 몸 안에 있었는지 몸 밖에 있었는지 나는 모르거니와 하나님은 아시느니라), 그가 낙원으로 이끌려 가서 말할 수 없는 말을 들었으니, 사람이 가히 이르지 못할 말이로다. 내가 이런 사람을 위하여 자랑하겠으나, 나를 위하여는 약한 것들 외에 자랑치 아니하리라. 내가 만일 자랑하고자 하여도 어리석은 자가 되지 아니할 것은 내가 참말을 함이라. 그러나 누가 나를 보는 바와 내게 듣는 바에 지나치게 생각할까 두려워하여 그만 두노라. 여러 계시를 받은 것이 지극히 크므로 너무 자고하지 않게 하시려고 내 육체에 가시, 곧 사단의 사자를 주셨으니, 이는 나를 쳐서 너무 자고하지 않게 하려 하심이라. 이것이 내게서 떠나기 위하여 내가 세 번 주께 간구하였더니, 내게 이르시기를 내 은혜가 네게 족하도다. 이는 내 능력이 약한 데서 온전하여짐이라 하신지라. 이러므로 도리어 크게 기뻐함으로 나의 여러 약한 것들에 대하여 자랑하리니, 이는 그리스도의 능력으로 내게 머물게 하려 함이라. 그러므로 내가 그리스도를 위하여 약한 것들과 능욕과 궁핍과 핍박과 곤란을 기뻐하노니, 이는 내가 약할 그 때에 곧 강함이니라.

고린도후서 12:1-10

우리는 바울의 가시가 무엇이었는지 모른다. 알 필요가 없다. 그것은 그를 아주 괴롭히는 고질적인 문제였다. 결코 그것이 제거되지는 않았다. 그러나 그는 그것과 함께 살며 그것을 극복하는 은혜를 발견하였다.

묵상하고 기록하기

당신의 삶 가운데에서 당신이 긍정하는 것을 자연이 부인하는 것 같이 가장 어렵고 고통스러웠던 경험은 무엇이었는가? 그 경험이 무엇인지 분명히 하라. 그리고 그 경험과 그 경험에 관한 당신의 감정을 기술하라. 그 경험의 본질을 되찾기에 충분할 정도로 기술하라.

바울은 주님이 "내 은혜가 네게 족하도다"라고 말씀하시는 것을 들었다. 위에서 기술한 당신의 경험 속에, 바울과 같이 하나님의 은혜의 계시나 어떤 암시가 있었는가? 그것에 관하여 몇몇 문장으로 정직하게 기록하라.

하루 동안

다음의 성경 구절을 암송하라: "내 은혜가 네게 족하도다. 이는 내 능력이 약한 데서 온전하여짐이라." 이것은 우리의 심각한 어려움뿐만 아니라, 우리의 일상의 삶을 위하여 주님께서 우리에게 주신 약속의 말씀이다. 오늘 당신과 그 약속을 하라.

다섯째 날　삶에는 비극적인 부분이 있다

자연이 당신이 긍정하는 것을 부인하는 것을 어떻게 극복해 나갈 수 있는가? 삶의 제한을 가지고 어떻게 살아갈 수 있는가?

내가 오늘 제시하는 것은 충분한 답이 되지 않는다. 그것은 부분적인 대답이고, 우리가 시작해야 하는 출발점이다. *우리는 삶에는 비극적인 부분이 있다는 사실을 단순하게 받아들여야 한다.*

때때로 이 비극적인 부분은 하나님은 선하시고 모든 사람이 선하기를 원하신다는 우리의 생각을 견고하게 붙잡고 나가기를 원할 때 그것에 거만하게 도전하는 조롱하는 악마와 같다.

우리를 조롱하는 그러한 도전의 일격을 제랄드 케네디 (Gerald Kennedy) 주교가 경험하였다. 그는 내가 사모하는 영웅들 가운데 한 사람이며, 20세기에 가장 뛰어나며 영향력 있는 설교가 중 한 사람이고, 설교가들이 표지 모델로 나오기가 거의 힘든『타임지』(Time)의 표지 모델로 나올 정도로 유명했다.

그가 미국의 남동부 지역으로 오면 언제나 나는 그가 설교하는 것을 듣기 위하여 수백 마일을 운전하여 달려가곤 했다. 그는 1960년대 미시시피에서 있었던 각 인종간의 대란 속에서 견고한 그리스도인 증인을 만드는 것이 중요하다고 생각하고, 그것을 추구하던 나와 젊은 사역자들에게 개인적인 관심을 가지고 있었다. 내가 1964년에 캘리포니아로 이사했던 것도 그분 때문이었다.

그는 얼마나 훌륭한 설교자였는지 모른다! 그는 말의 장인(匠人)이었으며, 명확하게 표현하는 달변가였고, 성경에 대한 그의 지각 있는 해석은 청중의 마음을 찌르는 능력 있는 것이었다.

그러나 비극적인 일이 일어났다. 갑자기 그가 병에 걸려서 사람들이 이해할 수 있는 소리를 내는 것이 거의 불가능해졌다. 운명의 조소(嘲笑)! 자연이 우리가 긍정하는 것을 부인한 비극적인 실례이다. 이것은 뛰어난 재능을 가지고 있던 그가 자연의 일격에 의하여 그 재능을 빼앗겨버린 끔찍한 아이러니였다. 그는 삶의 마지막 10년 동안 설교할 수 없었고, 심지어는 대부분 말도 하지 못하였다.」

설교자인 내 친구 어윈 트로터(Erwin Trotter)는 케네디 주교가 죽었을 때 이제까지 발표했던 케네디 주교의 설교들을 모아 첫 번째 설교집을 만들어 그 안에 쓴 기사에서 우리를 상기시켰는데, 그 설교집에 "어리석은 형제"라는 제목의 설교를 포함시켰다. 나는 이 주제에 관한 글을 집필했을 때 그 설교를 다시 찾아 읽었다. 그것은 설명할 수 없는 불행과 고통에 관한 주제였다. 케네디 주교는 아프리카의 종족의 철학을 사용했다: 비록 하나님이 선하시고 모든 사람이 선하기를 원하신다고 해도, 불행하게도 그에게는 항상 하나님이 하시는 일을 방해하는 어리석은 형제가 있었다. 형상들은 그것들이 제안하는 능력 있는 진리일 뿐이지 문자 그대로 받아들여지는 것은 아니다. 삶에는 비극적인 부분이 있다: 어리석은 형제는 항상 하나님이 하기 원하시는 것을 망쳐놓는다. 자연은 우리가 긍정하는 것을 부인하며, 때때로 "경멸스러운 일로 휩쓸어서" 우리를 짓밟는다.

우리는 그것을 어찌할 수 없다. 우리는 그 이유를 묻고 피할 수 없는 비극적인 삶의 가장자리에 대한 원인을 찾는다.

유대인들은 구약성경을 보며 하나님이 모든 것, 즉 선한 것과 악한 것에 대해 책임이 있다고 생각했다. 그래서 그들은 그들의 삶을 단순한 형식으로 격하시켰다. 즉, 우리가 선할 때 선이 찾아오며, 우리가 악할 때 악이 찾아온다고 믿은 것이다.

그것은 우리를 만족시키지 못한다. 왜냐하면 그것은 성경을 보더라도 진실이 아니며, 우리의 경험에 비추어 보더라도 진실이 아니기 때문이다. 비는 의로운 사람이나 불의한 사람 모두에게 내린다. 그러므로 우리는 여전히 해답을 찾는 것이다.

내가 알기로 고통과 아픔을 설명하는 데 가장 이성적인 노력이

돋보이는 책은 레슬리 웨더헤드(Leslie Weatherhead)가 쓴 『하나님의 뜻』(The Will of God)이란 책으로, 작지만 훌륭한 책이다. 웨더헤드는 우리의 삶에서 계속되어지는 일들을 설명하기 위한 노력으로 하나님의 의도적인 뜻, 하나님의 상황적인 뜻, 그리고 하나님의 궁극적인 뜻에 대해 이야기했다. 그것은 이성에 관한한 우리 삶에 일어나는 문제를 설명하는 좋은 방법이며, 이성적인 자아를 갖는 데 도움을 준다.

그러나 우리가 그 모든 것에 대해서 이성적이라 할지라도, 우리 마음 안에서 긍정하는 것을 자연이 부인할 때 이성은 우리의 상처 입은 마음에 별 도움을 주지 못한다. 우리가 그것을 어떻게 설명할지라도, 어떠한 이유를 댄다고 할지라도, 그리고 우리의 이론들을 얼마나 확신시켜 준다고 할지라도, 우리가 그 문제를 억압할 때, 하나님은 최소한 어떠한 것들을 *허락하셔야* 하고, 우리는 그것에서 도피할 수는 없다. 그러므로 우리의 마음은 계속 상한 상태로 있는 것이다.

우리는 삶에 비극적인 차원이 있다는 설명할 수 없고 때로는 불합리한 사실을 단순히 받아들이면서 힘든 상태로 되돌아가야만 한다.

우리가 만족스러운 방법으로 그것에 대해 추론해 나갈지라도, 우리의 추론이 그 고통을 경감시키지는 못한다.

묵상하고 기록하기

바울이 확신한 다음의 성경을 몇 분 동안 묵상하라.

우리가 이 보배를 질그릇에 가졌으니, 이는 능력의 심히 큰 것이 하나님께 있고 우리에게 있지 아니함을 알게 하려 함이라. 우리가 사방으로 우겨쌈을 당하여도 싸이지 아니하며, 답답한 일을 당하여도 낙심하지 아니하며, 핍박을 받아도 버린 바 되지 아니하며, 거꾸러뜨림을 당하여도 망하지 아니하고, 우리가 항상 예수 죽인 것을 몸에 짊어짐은 예수의 생명도 우리 몸에 나타나게 하려 함이라. 우리 산 자가 항상 예수를 위하여 죽음에 넘기움은 예수의 생명이 또한 우리 죽을 육체에 나타나게 하려 함이니라. 그런즉 사망은 우리 안에서 역사하고 생명은 너희 안에서 역사하느니라.

그러므로 우리가 낙심하지 아니하노니, 겉 사람은 후패하나 우리의 속은 날로 새롭도다. 우리의 잠시 받는 환난의 경한 것이 지극히 크고 영원한 영광의 중한 것을 우리에게 이루게 함이니, 우리의 돌아보는 것은 보이는 것이 아니요 보이지 않는 것이니, 보이는 것은 잠깐이요 보이지 않는 것은 영원함이니라.

고린도후서 4:7-12, 16-18

하루 동안

"그러므로 우리가 낙심하지 아니하노니." 오늘 하루 동안 당신이 모든 어려운 일을 경험할 때 이 말씀을 당신 마음에 떠올리라.

여섯째 날 하나님은 우리의 선과 하나님의 영광을 위해 고통을 사용하신다

우리는 바울의 간증을 묵상하며 어제의 일정을 마쳤다. 오늘은

클레어렌스 조르단(Clarence Jordan)이 그 간증의 일부를 알기 쉽게 풀어놓은 것을 묵상하며 시작하라. "자, 보라! 사방에서 역경이 닥쳐오지만, 그것들을 우리의 삶에 침투하게 하지 말라. 우리는 어떠한 것이 거꾸로 되었는지 알 수 없지만, 그것들은 우리를 거꾸러뜨리지 못한다. 우리는 핍박을 받으나 결코 쓰러지지 아니하고, 힘들어 비틀거리지만 그것들이 우리를 넘어뜨리지 못한다"(Jordan, pp. 79-80).

이 글은 한 폭의 그림과 같으며 강력한 의미가 담겨 있다. 보다 전통적인 번역본에서 바울은 다음의 구절을 자신의 상황과 동일시하고 있음을 알수 있다: "그러므로 우리가 낙심하지 아니하노니, 겉 사람은 후패하나 우리의 속은 날로 새롭도다"(고후 4:16). 우리의 마음 속에 요동치는 확신을 가지고 다음과 같은 질문을 던져본다. 우리가 긍정하는 것을 자연이 부인하는 삶의 한계들을 우리는 어떻게 대처하는가?

민음의 극적인 단계는 꼭 필요하다. 그것은 하나님께서 고통을 제거하지 않으시고 우리의 선과 하나님의 영광을 위해 그 고통을 사용하신다고 우리에게 말해 주는 믿음의 계시이다. 이것은 쉽지 않지만 일단 이 사실을 붙잡고 계속 나아가면, 그것은 우리로 하여금 고난에 대처해 나갈 수 있도록 해 준다.

이 글을 쓰기 일주일 전에, 암에 걸린 한 부인과 이야기하였다. 그녀는 6년 동안 암으로 고생하고 있었지만, 차도가 있지는 않았고, 매주 화학 요법을 받고 있는 중이었다. 그녀는 10년 동안 일기를 계속해서 써 왔다. 지난 3년 반은 암으로 고생하며 살아오면서 그리스도와 함께 한 그녀의 삶의 여정을 계획하면서 쓴 사려 깊은 영적 일기였다.

그녀는 밝은 부인이다. 그녀에게는 일종의 열정이 엿보인다. 그녀가 긍정하는 것을 자연이 부인했을 때, 그것을 극복하고 얻은 선한 것을 말하며 그녀의 눈은 빛났다. 그녀의 아들의 극적인 회심, 마약으로부터의 구제, 그리고 마약 희생자들과 함께 하는 그의 현재 사역에는 어떤 최소한의 선도 따르지 않았다.

그녀는 병을 통해서 자신을 선하게 만들고 하나님께 영광을 돌릴 수 있는 것을 확신한다. 이제 하나님은 무서운 질병으로 그녀를 괴롭힌 것이 아니라 그것을 사용해 오신 것이다. 당신과 나 역시 그것을 기대할 수 있다. 하나님은 우리에게서 우리의 고통을 제거하지 않으시지만, 우리의 선과 하나님의 영광을 위해 그것을 사용하신다.

묵상하고 기록하기

넷째 날로 돌아가서 당신이 긍정하는 것을 자연이 부인했던 가장 힘들고 고통스러웠던 경험에 관해 썼던 것을 읽어라. 지금 어떠한 선한 것이 그리고 하나님께 영광이 되는 어떠한 것이 그 경험에서 왔는지 세밀하게 살펴보라.

＊　　＊　　＊

만약 그 경험에서 어떠한 것도 발견할 수 없다면, 당신이나 다른 사람을 선하게 만들고 하나님께 영광이 되는 다른 "비극적인"

경험을 생각해 낼 수 있는가? 여기에 그 경험에 대해 기록해 보라. 그것을 나열하고 어떠한 일이 일어났는지 기록하라.

하루 동안

당신은 현재 고난을 겪고 있는 사람을 알고 있는가? 그 사람에게 전화를 하거나 사랑과 격려가 담긴 편지를 써라. 그 사람에게 당신이 이 워크북으로 하고 있는 것을 말해 주고, 고난을 극복하기 위하여 어떠한 방법을 추구하고 있는지도 말하라.

일곱째 날　　자기 연민을 버리고 새로운 가능성을 바라보라

우리가 긍정하는 것을 자연이 부인할 때, 모든 감정들 가운데 가장 약한 것 중 하나인 자기 연민에 집착하는 것은 너무도 쉬운 일이다. 그리스도인들은 그리스도가 자신의 영혼을 실망의 궁지로 몰아가지 않았다는 것을 기억함으로 자기 연민에서 구원된다. 바울은 예수님의 발자취를 따랐다: "겉 사람은 후패하나 우리의 속은 날로 새롭도다" (고후 4:16).

그러므로 지금 비록 자기 연민에 빠져 들어가고 있더라도 그것

을 극복하라. 그리고 오늘 제목의 두 번째 부분에 있는 말과 같이 *새로운 가능성을 바라보라.* 이것은 삶의 제한을 극복해 나가는 데 큰 도움을 준다.

우리에게 있는 가장 큰 문제는 우리의 삶 안에 무엇인가 다른 일들이 일어나기를 *원하는* 것이라고 나는 확신한다. 그러나 우리는 정말로 그러한 일이 일어나기를 *기대하지* 않는다. 당신은 내가 말하고 있는 요점을 아는가?

일들이 달라지기를 *원하는 것*과 그것들이 달라지기를 *기대하는 것* 사이에는 큰 차이가 있다. 성경은 단지 일들이 달라질 수도 있다는 가능성을 말하는 것이 아니라, 성경이 제시하는 희망은 일들이 달라지기를 당신이 온전히 기대할 수 있다는 것이다. 여기서 중요한 말은 이것이다: 자기 연민에 빠져 들어가고 있지만, 그것을 극복하고, 새로운 가능성을 바라보라.

1958년에 리우 쉬 쿤(Liu Shih-kun)이 제1회 국제차이코프스키피아노경연대회에서 2등을 수상했을 때, 그의 나이는 19세였다. 밴 클라이번(Van Cliburn)이 1등을 했고, 그는 곧 세계적인 인정을 받았다. 그러나 리우 쉬 쿤은 세상 사람들에게 잊혀진 채 중국으로 돌아갔다. 그는 중국에서 설립된 음악회의 피아노 연주자가 되었지만, 문화혁명이 일어났을 때 서양 음악을 단념하기를 거부하여 투옥되었다.

투옥되어 있는 동안, 그는 무자비하게 맞았다. 그 폭행으로 그의 오른팔 뼈가 부러졌다. 그 후 6년 동안 그는 작은 감옥에 앉아 있었다. 그에게는 모택동의 교훈서를 제외하고는 어떠한 책도 없었고, 쓸 종이도 피아노도 없었다. 그 때 리챠드 릭슨(Richard

Nixon)이 태평양을 가로지르는 외교의 다리를 놓았고, 리우에게
도 감옥의 문이 열렸다. 감옥에 갇혀 있던 그 전문적인 피아노
연주자는 인민공화국 체제에 당황했었을 것이다. 리우는 감옥에
서 풀려나 필라델피아 오케스트라와 북경에서 연주하도록 명령
받았다. 이 "요청"은 이전에 그를 감옥에 투옥하고 매질하도록 명
령했던 치앙 칭 (Chiang Ching) 여사가 한 것이었다. 모든 사람
들이 놀랄 정도로 리우는 완벽하게 연주하였다! 그러나 그 콘서
트 후, 그는 다시 18개월 동안 감금되었다. 그는 다시 한 번 풀려
나서 연주할 것을 명령받았고, 다시 훌륭하게 연주하였다.

　리우 쉬 쿤은 그 후 다시는 감옥에 감금되지 않았다. 중국의 정
치적 분위기와 문화적인 분위기가 바뀌어 가고 있었기 때문이다.
그는 마침내 그의 조국에서 매우 능력 있는 음악가로 인정받았
다. 그러나 마치 그가 결코 중단하지 않았었던 것처럼 두 번의
훌륭한 연주를 했었다는 사실은 놀랄 만한 일이다! 왜냐하면 그
가 투옥되어 있었을 때 그가 가지고 있었던 음악적인 모든 것은
파괴되었기 때문이다. 그는 감옥에서 피아노도 만져볼 수 없었
고, 잃었던 음악을 다시 상기하기 위해 그에게 허락될 수 있었던
종이조차 주어지지 않았다.

　그러나 감옥의 간수가 빼앗아 갈 수 없었던 그 무엇인가가 리
우 쉬 쿤에게 남겨져 있었다--그것은 삶에 대한 그의 이유였고,
음악에 대한 그의 사랑이었다. 7년 반 동안 작은 감옥 안에서 리
우 쉬 쿤은 새로운 가능성을 바라보았다. 그는 어느 누구도 볼
수 없었던 피아노에 대한 눈에 보이는 듯한 상상 속에서 그가 사
랑하는 음악을 연습했다.

그의 음악은 그가 투옥되기 전만큼이나 감옥에 있는 동안에도 생동감이 있었고, 사람들에게 힘을 불어넣어 주었다. 중국 정부는 리우를 변화시키기 위해 노력했고, 그의 사상을 말살시키기 위해 노력했다. 그러나 그는 스스로 좌절하거나 자기 연민에 빠지는 것을 거부하였다. 그는 새로운 가능성을 계속해서 바라보았고, 그에게 놓인 무서운 제한 때문에 제한되어 있지 않았다 (Aurandt, pp. 18-20 의역).

묵상하고 기록하기

당신은 지금 어떤 어려운 상황에 직면하고 있는가? 그 상황을 한두 문장으로 묘사하라.

당신은 자기 연민에 잘 빠지는 경향이 있는가? 당신은 새로운 가능성을 바라볼 수 있는가? 조용히 몇 분 동안 묵상해 보라.

✳   ✳   ✳

바울의 다음의 글을 읽고 용기를 내라.

주 안에서 항상 기뻐하라. 내가 다시 말하노니 기뻐하라. 너희 관용을 모든 사람에게 알게 하라. 주께서 가까우시니라. 아무 것

도 염려하지 말고, 오직 모든 일에 기도와 간구로 너희 구할 것
을 감사함으로 하나님께 아뢰라. 그리하면 모든 지각에 뛰어난
하나님의 평강이 그리스도 예수 안에서 너희 마음과 생각을 지
키시리라. 종말로 형제들아, 무엇에든지 참되며, 무엇에든지 경
건하며, 무엇에든지 옳으며, 무엇에든지 정결하며, 무엇에든지
사랑할 만 하며, 무엇에든지 칭찬할 만 하며, 무슨 덕이 있든지,
무슨 기림이 있든지, 이것들을 생각하라. 너희는 내게 배우고,
받고, 듣고, 본 바를 행하라. 그리하면 평강의 하나님이 너희와
함께 계시리라.

빌립보서 4:4-9

하루 동안

오늘 어떠한 일이 일어나든지, 이제 그 일들 가운데 자기 연민
에 빠지게 하는 모든 것을 극복하겠다고 결심하라.

첫째 주를 위한 그룹 모임

지침 사항: 인도자는 즉석 카메라를 준비해야 한다. 만약 당신이
가지고 있지 않다면 그룹 구성원 누군가 가져 오게 하라.

도 입

그룹 모임은 참석자 모두가 경험을 나눌 때 가장 의미가 깊다.

인도자는 단순히 개인의 이야기를 나누도록 하기만 하면 된다. 그러므로 내가 제안하는 내용을 따라가는 데 지나치게 얽매이지 않기 바란다. 특별히 인도자는 참석자들의 삶에서 어떤 일들이 일어나는지에 대해 민감해야 하며 경험을 나누는 데 초점을 맞추어야 한다.

의견은 중요하다. 우리는 서로 동의하지 않는 의견뿐 아니라 새로운 의견도 중요하게 다루어야 한다. 그러나 중요한 사실은 그룹 모임이 의견들만 오가는 토론의 장이 되어서는 안 된다는 것이다. 사람들의 경험, 감정 그리고 의미가 강조되어야 한다.

자신을 극복해 나가는 훈련이라는 주제를 다루고 있다는 바로 그 사실은 지금 당신이 자신과 맞서 싸워 나가고 있다는 것을 나타내 준다. 좀더 빨리, 그리고 좀더 자유롭게 각자 개인의 삶을 나눈다면 서로에게 좀더 도움이 될 것이다. 서로의 삶 속에서 일어난 일들을 좀더 솔직하고 공개적으로 나누게 될 때 그 경험들은 더욱 깊은 의미를 가지게 될 것이다.

함께 나누기

1. 먼저 한 주간 참석자들이 이 워크북을 사용하면서 얻었던 가장 의미 있었던 날에 대해 각자 나누면서 시작할 수 있다. 이러한 나눔은 인도자가 먼저 시작한다. 왜 그 날이 그렇게 의미가 있었는지 이야기하라.
2. 다음으로 가장 힘들었던 날이 언제였는지 나누라. 무엇을 경험했는지 그리고 왜 그렇게 힘이 들었는지 말하라.

3. 여섯째 날에 우리의 선과 하나님의 영광을 위하여 하나님은 고난을 사용하신다는 사실을 묵상하였다. 그러한 고난을 통하여 자신이 선하게 변화된 경험을 한 사람이 있다면 그 경험을 나누게 하라. 다른 사람에게는 어려움, 비극적인 경험 또는 하나님께 영광을 돌려 드린 고난에 관한 경험을 나누도록 하라.

함께 기도하기

매주 각 그룹은 함께 기도해야 한다. 합심기도는 그리스도인 공동체의 가장 큰 축복 중의 하나이다. 합심기도는 능력이 있으며 함께 순례의 길을 가는 동안 합심하여 기도하는 것은 중요하다.

또한 합심기도 시간은 편안해야 하며, 참석자 누구에게도 소리 내어 기도하라고 강요하지 않는 것도 중요하다. *소리 내지 않고 하*는 합심기도도 소리를 내어서 하는 합심기도 못지 않게 생동감이 있고 의미가 있다.

우리가 크게 소리 내어 기도해야 하나님이 꼭 들으시는 것은 아니다. 생각이 모아지고 주의를 집중할 수 있는 한 고요함은 우리의 기도를 깊어지게 한다. 그러나 함께 가는 영적 여행의 공동체 안에서 동료 순례자와 함께 자신들의 생각과 느낌을 하나님께 말로 표현하는 것에는 능력이 있다.

개인이 원하는 대로 자연스럽게 소리 내어 기도하되 "지금부터 돌아가며 한 사람씩 기도합시다"라고 하지 않는다.

"합심기도" 시간을 위한 지침이 매주 제시될 것이다. 인도자는 이것을 참고로만 사용한다. 그룹 모임에서 일어난 일들, 즉 분위기. 언급되어진 필요들, 그리고 시간 조절 등이 함께 기도하는 모임의 방향을 결정해야 한다. 합심기도 시간의 마무리를 위한 몇 가지 제안이 있다.

1. 그룹 모임 가운데 나눈 내용을 되돌아보게 한다. 어떠한 개인적인 필요나 관심을 나누었는가? 그들이 나눈 필요나 관심을 소리 내어 말하게 하라. 당신이 다른 사람의 관심사를 포착했다면 주저말고 나누라. 예를 들면, "○○는 이번 주 아들이 병원에 입원해서 참석하지 못했어요. 아들과 그녀를 위해 기도합시다."

   각 구성원이 지금 나누고 있는 관심과 필요를 적어서 간직할 수 있다면 도움이 될 것이다. 의도적으로 고요한 시간을 마련한다. 인도자는 각각의 필요를 하나하나 말하되, 각각의 필요를 말한 뒤에는 짧은 침묵의 시간을 가짐으로 그룹에 있는 사람들이 주의를 기울이고, 거론된 그 사람과 그의 필요와 관심사에 초점을 두고 기도하게 한다. *각자 나름대로 고요한 가운데 기도한다.*

2. 나눔과 침묵기도의 시간이 끝나면 인도자는 전체에게 합심기도를 하게 함으로 기도회를 마치게 한다. 인도자가 각 사람의 이름을 부르면 전체는 지명된 사람을 바라보며 "주님, ○○ 형제(자매)를 축복하소서"라고 말한다. 이름이 지명된 사람은 방안에 있는 각 사람의 얼굴을 보고 그 눈을 바라보며 축복의 말을 듣고 그 축복하는 "눈길"을 본다. 한 사람이 끝나면 인도자는

또 다른 사람의 이름을 부르는 식으로 모두가 축복받은 자로 불리워지게 하고 또 축복을 바라보게 한다. 그 때 인도자는 "아멘"만 하면 된다.

사진 찍기: 모든 사람이 떠나기 전에, 각 사람의 사진을 찍는다. 찍은 얼굴 사진을 탁자 위에 엎어놓고 각자 한 장씩 갖게 한다. 각자 취한 사진의 인물이 다음 주 특별히 기도해야 할 대상이다. 떠나기 전, 각자 취한 사진의 인물을 만나서 그 사람을 보다 더 잘 알 수 있는 시간을 가지라. 그 사람에게 특별한 기도의 제목이 있는지 물어보라. 매주 각자 가지고 있는 사진을 다시 가져와서 섞은 뒤, 새로운 사진을 선택하게 하여 그 사람을 위해 기도하게 하라.

염려
죄의식
두려움

첫째 날 염려할 것인가? 하지 않을 것인가?

우리는 이제 우리가 가지고 있는 문제의 밑바닥을 살펴보자. 찰스 슐츠(Charles Schulz)의 『피너츠』(Peanuts)라는 만화 가운데에는 그것을 보여 주는 좋은 그림이 있다. 명랑한 사냥개 스누피는 낡았지만 좋은 개집 위에 누워 있다. 오늘은 그렇게 명랑하지 않고 오히려 묵묵하다. "쉬다!" 그는 소리쳤다. 그리고 그는 똑바로 앉아서 말한다, "늑대가 지나가다 나의 집을 날려버린다면 내가 어떻게 잠을 잘 수 있겠어?" 그리고는 지붕에 기대어서 말한다, "삶에는 너무나 많은 걱정거리가 있어....오늘은 그것이 늑대들이야...." 그리고 테니스 라켓을 잡아당기면서 그는 소리쳤다, "어제는 테니스를 치며 백핸드가 안 되는 것이 문제였지!"

염려가 없는 사람은 없다. 염려가 당연하게 받아들여질 때가 있을 뿐만 아니라 관심이 많이 있을 때 우리는 건전한 염려를 할 수 있다. 『피드먼트 에어라인』(Piedmont Airlinels)이라는 잡지에 어네스트 피츠제랄드 (Ernest A. Fitzgerald) 주교의 글이 있다. 그 글에서 피츠제랄드는 다음과 같이 말하였다: "몇 년 전, 미국에서 가장 훌륭한 코메디 배우 중 한 사람이 책을 썼다. 그 책에서 그녀는 재미있는 고백을 했다, '나는 염려하는 데에는 일가견이 있는 사람입니다. 살다보면 모든 것이 잘 되어 가는 듯한 날이 있지요. 그런데 그런 날은 거의 견디어 내기 어렵답니다.'"

이런 고백을 할 정도로 솔직한 사람은 그리 많지 않다. 우리는 모든 것이 잘못 되어가고 있을 때 그 염려하고 있는 것을 나누지만, 모든 것이 잘 되어가고 있을 때에도 우리는 여전히 염려한다. 그리고 우리는 그것에 대해서 말하고 싶어하지 않는다.

염려는 우리 대부분의 삶에 있어서 중요한 위치를 차지하고 있다. 그리고 많은 감정적인 문제 가운데 나타나는 것처럼, 염려는 우리를 황폐하게 만들 수 있다. 염려는 그것을 극복해 나갈 수 있는 기술을 요구한다. 주변에 있는 모든 사람들을 힘들게 만드는 만성적이고 치명적인 염려도 있는데, 우리는 그것은 극복해 나가는 것을 배워야 한다.

그러나 건전한 염려도 있다. 얼마 전인지 모르나 내가 기억하기로는, 미국의 많은 텔레비전 방송사들은 11시 뉴스 직전에 다음과 같은 내용을 내 보냈다: "11시입니다. 지금 당신의 자녀들은 어디에 있습니까?"

만약 당신의 자녀들이 12시에 들어온다고 약속하였다면 당신은 염려하지 않을 것이다. 그러나 만약 밤이 깊어지고 새벽 3시가 되었는데도 들어오지 않았다면, 그 때 당신은 아이들에 대해 관심을 갖게 될 것이고, 또 가져야만 한다. 당신은 그 때 염려를 시작하지만 그 걱정은 건설적인 행동이다. 그러므로 우리는 염려가 건설적인 것이 될 수 있다는 사실을 인정함으로 염려를 극복해 나가는 공부를 시작하자.

예수님의 산상수훈에서 요약된 부분을 보라.

그러므로 내가 너희에게 이르노니, 목숨을 위하여 무엇을 먹을까, 무엇을 마실까, 몸을 위하여 무엇을 입을까 염려하지 말라. 목숨이 음식보다 중하지 아니하며, 몸이 의복보다 중하지 아니하냐? 공중의 새를 보라. 심지도 않고, 거두지도 않고, 창고에 모아들이지도 아니하되, 너희 천부께서 기르시나니, 너희는 이것들보다 귀하지 아니하냐? 너희 중에 누가 염려함으로 그 키를 한 자나 더할 수 있느냐? 또 너희가 어찌 의복을 위하여 염려하느냐? 들의 백합화가 어떻게 자라는가 생각하여 보라. 수고도 아니하고, 길쌈도 아니하느니라. 그러나 내가 너희에게 말하노니, 솔로몬의 모든 영광으로도 입은 것이 이 꽃 하나만 같지 못하였느니라. 오늘 있다가 내일 아궁이에 던지우는 들풀도 하나님이 이렇게 입히시거든, 하물며 너희일까 보냐, 믿음이 적은 자들아? 그러므로 염려하여 이르기를 무엇을 먹을까, 무엇을 마실까, 무엇을 입을까 하지 말라. 이는 다 이방인들이 구하는 것이라. 너희 천부께서 이 모든 것이 너희에게 있어야 할 줄을 아시느니라. 너희는 먼저 그의 나라와 그의 의를 구하라. 그리하면 이 모든 것을 너희에게 더하시리라.

마태복음 **6:25-33**

예수님의 가르침에 대해 어떠한 질문을 할 수 있는가? 우리는 염려할 필요가 없다. 그러나 조금 전에, 염려가 건설적일 수 있다는 사실을 인정함으로 걱정을 극복해 나가는 공부를 시작하자고 제안했다. 우리는 예수님의 가르침의 전체 맥락 안에서 산상수훈에 나타나 있는 염려라는 특별한 단어를 보아야 한다. 너무 많이 눌려 있는 어떠한 덕목은 왜곡될 수도 있고, 긍정적이 아닌 부정적인 행동을 유발하며, 우리의 삶을 끝낼 수 있다.

만약 삶을 심각하게 살아가는 것보다 더 좋지 않는 것이 있다면, 그것은 삶을 너무 가볍게 살아가는 것이다. 즉, 어떠한 관심도 없이 살아가는 것이다. 내가 확신하기로는, 염려하지 말고 신뢰하라는 것은 예수님의 가르침의 핵심이다. 그러나 당신은 예수님이 그를 따르는 자들에게 말씀하셨던 한 경우를 기억할 것이다. "지금은 내 영혼이 민망하니." 예수님은 적극적인 관심을 보일 장소가 있으며, 그 곳에서 염려는 건설적인 것이 될 수 있다는 것을 인정하신 것이다. 여기서 우리는 염려와 관심 사이에 조금 더 정확한 구분을 두어야 한다. 염려는 문제에 대해 초조해 하지만, 관심은 문제를 해결한다. 그러나 우리가 공부하는 내용의 핵심을 전개해 나가기 위하여 그 단어들을 서로 바꾸어 가며 사용할 수 있도록 하자.

우리는 본래 위치를 이탈한 상황들에 대해서는 염려해야 하며, 세계 기근과 핵 전쟁의 문제에 대해서는 관심을 가져야 한다. 조지 버나드 쇼(George Bernard Show)의 유명한 말을 기억하는가? "당신은 사물을 바라봅니다. 그리고 '왜?'라고 말합니다. 그러나 나는 이전에 존재하지 않았던 것들을 꿈꿉니다. 그리고 '왜 안 돼?'라고 말합니다. 변화는 후자의 입장을 가진 사람들이 충분히 있을 때 옵니다. 그들은 꼭 가지고 있어야 할 이 세상에 대한 비전을 가지고 있으며 '왜 안 돼?'라고 묻습니다."

우리는 이 세상뿐 아니라 우리가 살고 있는 도시에 대해서도 관심을 갖는다. 왜 우리 도시에는 훌륭한 공립학교 시설이 없는 가? 왜 빈민들을 위해 좋은 집을 마련해 주지 못하는가? 왜 우리 사회에서는 사람들의 정신을 황폐하게 하고 나쁜 길로 이끄는 포 르노를 없앨 수 없는가?

건전한 염려는 가정에서 더 많이 일어난다. 만약 당신의 가족 이 서로 소원해진다면, 만약 당신이 행복해지기를 바라면서 무엇 엔가 점점 더 많은 돈을 쓰고 있는 자신의 모습을 발견한다면—실 제로 그렇게 해서 행복해지지 않지만—만약 매일 일에 지쳐 있고 일에 대한 스트레스가 더 가중되고 있는 당신의 모습을 발견한다 면, 그 때 당신은 염려할 이유가 있는 것이다. 나는 이처럼 건전 한 이유로 염려하는 목록, 즉 우리의 관심사의 목록을 얼마든지 더 열거할 수 있다.

그러나 우리는 다음과 같은 것을 기억할 필요가 있다. "염려는 나쁜 상황에서도 할 수 있는 것에 초점을 맞출 때 건설적인 것이 된다. 이미 일어난 일을 후회하며 시간을 보내는 것은 에너지를 낭비하는 것이다. '쏟아진 우유를 보고 우는 것'은 우리의 감정 이나 정신을 혼란스럽게 만든다. 그러나 상황을 직시하고 그 상 황에서 무엇을 할 수 있는가를 묻는 것은 세상을 변화시킬 뿐 아니라 우리의 정신과 영혼을 튼튼히 세워 준다. 만약 우리가 옳 은 방법으로 옳은 것에 대해 염려한다면 염려하는 것은 괜찮다." (Fitzgerald, p. 5).

<h2 style="text-align:center">묵상하고 기록하기</h2>

아래에 당신이 지난 몇 달 동안 염려했던 것들을 한두 개의 단어로 목록을 만들어라.

이제 당신이 기록한 것들을 보고 질문해 보라. 이것들은 건전한 걱정이었는가? 건전한 염려였다고 생각하는 것에 체크(√)하라.

＊　　＊　　＊

당신이 체크한 것들을 보라. 당신이 건전하게 염려했던 상황을 변화시키기 위해 할 수 있는 일을 찾았는가? 아니면 찾고 있는가?

＊　　＊　　＊

<h2 style="text-align:center">하루 동안</h2>

다음의 구절을 암송하라: "그러므로 내일 일을 위하여 염려하지 말라. 내일 일은 내일 염려할 것이요, 한 날 괴로움은 그 날에 족하니라" (마 6:34). 만약 암송하는 것이 어렵다면 이 내용을 종

이에 써서 다음 일주일 동안 가지고 다녀라. 쉬는 시간에나 식사 때 혹은 당신이 혼자 있을 때 그것을 계속해서 읽으라. 이것은 염려에 대한 예수님의 해독제이다.

둘째 날　하나님 안에서의 안전

어제의 교재로 돌아가서 예수님의 산상수훈 중 마태복음 6장 25절부터 33절을 읽으라.

＊　　＊　　＊

정신병 의사인 제임스 피셔 (James Fisher) 박사는 오래 전에 『잃어버린 몇 개의 단추』(A few Buttons Missing)라는 제목의 흥미있는 소책자를 썼다. 그것은 정신병 치료 실습 중에 그가 경험했던 가벼운 처방법에 관한 이야기였다. 그러나 그 책 끝 부분에 가서 피셔 박사는 아주 심각해졌다. 다음은 그가 말한 것이다.

내가 확신하기로, 우리에게 필요한 것은 온전한 삶과 만족스러운 삶을 위하여 새롭고 계몽된 처방법이다. 그런데 그 처방법은 연구와 조사를 통해 얻은 모든 축적된 과학 지식으로 만들어져야 한다....나는 단순하고, 실제적이며, 이해하기 쉽고, 따르기 간편한 핸드북을 쓰려고 했다. 나는 그 책에서 사람들에게 살아가는 방법, 즉 정신 건강을 위하여 어떠한 생각과 태도와 철학을 계발해야 하며, 어떠한 함정을 피해야 하는지를 말하려고 했다. 나는 가능한 모든 토론회에 참석했고, 자신의 분야에 있어서 권위자인 스승이나 동료들의 중요한 말을 기록하였다.

그리고 나서 나는 그러한 연구는 이미 존재하고 있었다는 것을 우연히 발견했다....만약 당신이 정신 건강이라는 주제로 이 분야에서 가장 권위 있는 심리학자나 정신병 의사들이 쓴 모든 권위 있는 자료들을 모으려 한다면—그런데 당신이 그 자료들을 통합하고, 재정리하며, 군더더기 말들을 없애려 한다면—만약 당신이 고기를 모두 먹고 파슬리는 전혀 먹지 않으려 한다면, 그리고 만약 당신이 현세의 가장 유능한 시인이 간략하게 표현한 순수 과학 지식의 순수한 부분만 가지려 한다면, 당신은 어색하고 미완성의 산상수훈의 말씀을 갖게 될 것이다. 그리고 그렇게 비교하는 작업은 말할 수 없이 고통스러울 것이다 (Fisher and Lowell, p. 273).

당신은 예수님이 산상수훈의 이 구절을 *그러므로*라는 단어로 시작하신 것을 알고 있었는가? 이것은 연결 단어이므로, 성경에서 이 단어가 나오면 멈추어서 그 단어가 거기에 무엇 때문에 있는가를 물어보아야 한다. 우리가 제자가 되어 축복된 삶을 살기 위해서는 주님을 신뢰하고 주님께서 돌보신다는 것을 기대해야 함을 예수님은 이 예화에서 강조하고 계신다. 이 성경 구절은 우리가 극복해 나가야 할 가장 어려운 문제 중에 하나인 염려에 대한 답으로 하나님을 신뢰하라는 요구이다.

인기 있는 메노나이트 학자이자 설교가인 마이론 아우구스버거(Myron Augsberger)는 이 구절을 통찰력 있게 주석하였다. 예수님이 염려는 *불손하며, 부적절하고, 무책임한 것*이라고 가르치신다고 그는 말한다.

예수님은 우리에게 생명을 주시고 그 생명을 지속하게 하시는 하나님을 염려로 말미암아 인식하지 못하기에, 염려가 *불손하다는* 것에 대한 증거를 제시하고 계신다. 염려는 또한 *부적절하다.* 왜냐하면 염려는 상황을 변화시키지 못하며, 또한 우리가 문제를 극복해 나가는 데 도움을 주지 못한다. 그리고 염려는 *무책임하다.* 왜냐하면 문제를 풀어나가기 위해 건설적인 행동을 하는 데 심적인 에너지를 사용하지 않고, 오히려 다 소진시켜 버리기 때문이다. 예수님은 염려로부터 자유라는 예로 공중의 새를 사용하셨고, 지위를 추구하는 것으로부터 자유라는 예로 들의 백합화를 사용하셨다. 그리고 우선권을 평가하기 위한 우리의 필요에 대한 예로 들의 풀을 사용하셨다. 예수님이 하신 예화의 군데군데에는 훈계가 담겨져 있다. 27절에서, 예수님은 우리가 염려함으로 우리의 삶을 제한할 수 있지만, 짧은 삶이 더 길어질 수는 없다고 말씀하신다. 32절에서, 예수님은 이 세상 사람들이 가는 길과 하나님의 자녀들이 가는 길을 대조하신다 (Augsberger, p. 94).

이제 조금 더 자세하게 살펴보자. 왜 우리는 염려하는가? 우리는 우리의 필요, 즉 음식, 옷, 집에 대해 염려한다. 우리가 이러한 필요에 대해 염려하는 방법은 대부분의 세상 사람들이 자신의 필요에 대해 염려하는 것과는 다르다. 우리는 음식과 옷과 쉴 곳이 있다. 우리 도시에는 일하지 않는 사람들이 있고, 이 세상 주변에도 일하지 않는 수많은 사람들이 있다. 그럼에도 불구하고 우리는 직업과 경제적 안정, 은퇴 후 살아갈 방법과 할 일들에 대해 염려한다. 예수님은 '공중의 새를 보라. 심지도 않고, 거두지도 않고, 창고에 모아들이지도 아니하되, 너희 천부께서 기르시나니 너희는 이것들보다 귀하지 아니하냐'라고 말씀하신다.

우리는 필요에 대해서 뿐만이 아니라, 지위와 관계에 대해서도 염려한다. 나는 얼마나 성공하고 있는가? 정말 다른 사람들이 나를 좋아하는가? 저 친구는 정말 나에 대해 어떻게 생각하고 있는가? 우리는 얼마나 많은 시간과 에너지를 지위에 대한 우리의 왜곡된 개념에 투자하는가? 우리가 *지위*를 위해 쓰는 돈을 생각해 보라. 우리는 옷을 살 때, 여우보다 악어가 붙어 있는 셔츠에 돈을 더 많이 지불하거나 또는 악어보다는 폴로 선수가 붙어 있는 셔츠에 돈을 더 많이 지불하는 등 유명 메이커의 옷을 사는 데 많은 돈을 쓰기도 한다. 우리는 지위에 대해 너무 많이 염려한다. 예수님은 "들의 백합화가 어떻게 자라는가 생각하여 보라. 수고도 아니하고 길쌈도 아니하느니라. 그러나 내가 너희에게 말하노니, 솔로몬의 모든 영광으로도 입은 것이 이 꽃 하나만 같지 못하였느니라"라고 말씀하신다 (28-29절).

그리고 나서 예수님은 계속적으로 우리의 *우선권*을 *평가하기* 위해 충고하심으로 요점을 강조하신다. 당신의 시간을 사용하는 방법에 대해 생각해 보라. 무엇을 생각하는가? 당신의 에너지의 대부분을 무엇에 사용하는가? 당신의 우선권에 대해 생각해 보고, 예수님에게 귀를 기울여 보라. "오늘 있다가 내일 아궁이에 던지우는 들풀도 하나님이 이렇게 입히시거든, 하물며 너희일까 보냐, 믿음이 적은 자들아?" (30절)

예수님의 가르침의 마지막 절은 무엇인가? 그것은 아주 간단하지만, 그렇게 살기는 너무 어렵다. *우리가 하나님 안에서 우리의 안전을 찾을 때 우리는 필요한 것을 하나님이 채우시리라는 것을 확신할 수 있다.* 그리스도도는 하나님의 은혜의 보다 큰 안전을 위해 우리의 한계 있는 안전을 포기하도록 요구하신다.

　　문제는 "어떻게 그렇게 할 것인가?"이다. 어떻게 우리는 하나님의 은혜의 안전에 의탁하며 살아갈 수 있는가? 내일 우리는 하나님의 은혜 안에 있는 우리의 안전, 파괴적인 염려로부터 우리를 자유케 할 안전을 실천하는 실제적인 방법을 살펴볼 것이다.

묵상하고 기록하기

　　당신이 어제 기록한 염려의 목록을 다시 보라. 그리고 아래의 목록에 따라 그것들을 다시 배치하여 여기에 기록하라. 만약 그 목록들 가운데 필요나 지위에 대한 염려의 항목에 맞지 않으면 '기타'에 기록하라.

욕구	지위	기타

　　내가 생각하기에, 당신이 어제 목록을 만들었을 때 지위에 대해 많이 주목하지 않았을 것이다. 그것에 대해 생각했었다면 당신은 '지위'나 '기타'에 추가할 어떤 염려가 있는가? 있다면 지금 기록하라. 그러나 정직해야 한다.

＊　　＊　　＊

얼마 동안 당신의 염려에 대해 기도하는 시간을 가지라. 당신의 삶 가운데 하나님의 은혜의 안전에 의탁하지 않는 부분은 무엇인가?

＊　　＊　　＊

하루 동안

아래에 있는 라인홀드 니이버(Reinhold Niebuhr)의 기도를 적고, 그것을 주머니나 지갑에 넣고 다니라. 그렇지 않으면 그것을 욕실 거울이나 냉장고 문, 가정의 게시판 같이 자주 보는 곳에 두어라. 그리고 가능한 한 자주 그것을 묵상하고 기도하라.

하나님은 내가 변화시킬 수 없는 것들을
받아들일 수 있는 평온함을 허락하셨습니다.
그리고 그것들을 변화시킬 용기를,
그리고 그 차이를 알 수 있는 지혜를 허락하셨습니다.

셋째 날　　하나님의 은혜의 안전에 대한 실습

어제 우리는 라인홀드 니이버의 기도를 나누었다. 오늘은 이 기도를 하면서 시작하자.

하나님은 내가 변화시킬 수 없는 것들을
받아들일 수 있는 평온함을 허락하셨습니다.
그리고 그것들을 변화시킬 용기를,
그리고 그 차이를 알 수 있는 지혜를 허락하셨습니다.

우리가 결코 염려하지 말아야 할 두 가지가 있다. 그것은 우리가 어찌할 수 없는 것과 우리가 풀어 나갈 수 있는 것이다. 우리가 어찌할 수 없는 것을 왜 염려하는가? 그것이 무슨 덕이 될 수 있는가? 그러므로 예수님은 우리에게 말씀하신다. "너희 중에 누가 염려함으로 그 키를 한 자나 더할 수 있느냐?" (마 6:27)

그러나 두 번째 것, 즉 우리가 풀어 나갈 수 있는 문제를 염려하는 것은 어떠한가? 첫째 날에 우리는 *건전한* 염려에 대해 이야기했다. 어떤 문제에 대해 관심을 갖는 것은 책임감을 나타내는 것이다. 그러나 염려한다고 해도 어떠한 책임을 질 수 없을 때, 그 때 우리는 에너지를 낭비하고 있는 것이다. 만약 우리가 풀어 나갈 수 있는 문제라면 우리는 지금 당장 그 문제를 풀어 나가야 한다. 염려가 일보다 더 많은 사람들을 죽이는 이유는 더 많은 사람들이 일보다 염려하기 때문이다.

그래서 하나님의 은혜의 안전을 실습하기 위한 첫 번째 실제적인 방법은 두 가지, 즉 당신이 어찌할 수 없는 일과 당신이 풀어 나갈 수 있는 일에 대해 염려하지 않는 것이다. 만약 당신이 어찌할 수 없다면, 당신은 지금 염려함으로 에너지를 낭비하고 있는 것이다. 그러나 만약 당신이 할 수 있는 일이라면 지금 당장 하라. 당신이 할 수 있는 문제를 염려하며 행동에 옮기지 않는다면 무책임한 것이다.

이제 파괴적인 염려에서 우리를 자유케 할 하나님의 은혜의 안전을 실습하기 위한 두 번째 방법은 우리가 결코 염려하지 말아야 할 두 날, 즉 어제와 내일이 있음을 기억하는 것이다. 어제는 지나갔다! 당신은 어제 했던 큰 실수를 되돌릴 수 없다. 그리고 어제의 잘못을 바르게 할 수 없다. 어제 했던 행동들을 취소할 수 없다. 또한 어제 말했던 것을 주워 담을 수도 없다. 그 모든 것은 이미 끝났고, 그것을 통제할 수 없다.

왜 과거에 대해 염려하는가? 만약 우리가 우리 죄를 자백하면 저는 미쁘시고 의로우사 우리 죄를 사하시며 모든 불의에서 우리를 깨끗케 하시겠다고 약속하신 우리 주님께 우리가 잘못했던 모든 것을 자백하라. 어제의 일을 염려하지 말라.

그리고 내일에 대해 염려하지 말라. 염려는 내일의 문제를 결코 제거할 수 없는 감정이다. 그러나 당신이 내일에 대해 염려하는 동안 당신은 오늘의 기력을 소진하고 있는 것이다. 내일은 아직 오지 않았다. 내일의 약속과 잠재된 문제에 우리는 오늘 도달하지 못한다. 당신은 내일이 이를 때까지 내일에 대해서 아무 것도 할 수 없다. 그러나 바울이 한 말을 기억하라. "너희 안에서 행하시는 이는 하나님이시니, 자기의 기쁘신 뜻을 위하여 너희로 소원을 두고 행하게 하시나니" (빌 2:13). 그리고 예수님이 말씀하신 것을 기억하라. "너희는 먼저 그의 나라와 그의 의의를 구하라. 그리하면 이 모든 것을 너희에게 더하시리라" (마 6:33).

이제 파괴적인 염려로부터 우리를 자유케 할 하나님의 은혜의 안전을 실습하기 위한 세 번째 실제적인 방법이 자연스럽게 등장한다. 그것은 항상 오늘에 초점을 맞추라는 것이다. 그리고 온전

하게 살기 위하여 당신이 할 수 있는 모든 것을 오늘 하라. 그리
고 당신의 모든 필요를 채우실 그리스도를 신뢰하라.

> 울새가 참새에게 말했다.
> "나는 왜 염려하는 사람들이
> 저렇게 많고 또 그렇게
> 염려하는지 정말 알고 싶어."
>
> 참새가 울새에게 말했다.
> "친구야, 내가 생각하기에는
> 너와 나를 돌보시는 하나님 아버지가
> 그들에게는 없는 것이 분명한 것 같아."
>
> 작자 미상

**공중의 새를 보라.
심지도 않고, 거두지도 않고,
창고에 모아들이지도 아니하되,
너희 천부께서 기르시나니,
너희는 이것들보다 귀하지 아니하냐?**

마태복음 **6:26**

묵상하고 기록하기

지금 바로 당신의 삶에서 서너 가지의 큰 걱정거리를 기록하라.

다음의 질문을 당신 자신에게 던짐으로 각각의 염려에 대해 생각해 보라. 나는 오늘 이 염려에 대해 무엇인가를 할 수 있는가? 이 염려에 대한 반응에서 어떤 긍정적인 조치를 얻을 수 있는가? 그리고 그 조치를 계속 발전시켜 나갈 수 있는가? 이것은 내가 남겨 두어야 할 과거 문제에 대한 염려인가? 이것은 지금 내가 어떠한 조치도 취할 수 없는 미래의 문제인가?

각각의 염려를 세밀히 살펴본 후 당신에게 필요한 어떠한 고백이나 의탁의 형식이든 상관하지 말고 그 염려를 기도의 목록으로 만들라. 그리고 하나님의 인도하심과 은혜를 구하라.

✳ ✳ ✳

하루 동안

어제의 실패에 대한 부담감이나 내일에 대해 걱정하지 말고 오늘 하루를 살도록 노력하라.

넷째 날　고통스런 죄의식의 존재

나는 그를 식당에서 만났다. 우리는 그 곳을 떠나 이야기를 나누기 위해 인도에 멈추어 섰다. 우연히 교제를 나누기 시작한 것이 깊은 감정을 나누는 데까지 발전했다. 가족에 대해서 물어보자 고통과 아픔 때문에 조금 어려움을 겪고 있다고 이야기했다. 그는 아들과의 사이가 뒤틀어졌는데, 그가 할 수 있는 모든 것을 했으므로, 곧 화해될 것이라고 생각했다. 그러나 진정한 따뜻함이 없이 여전히 긴장, 부담, 냉랭함 그리고 형식적인 관계가 지속되었다. 그는 내게 아들에 대해 꿈꾸고 그 밤중에 깨어나서 여러 시간 동안 잠을 자지 못한 채 고통스러운 아들과의 불화에 대해서 생각했다고 말했다. 그리고 그는 말했다. "그 죄의식으로 나를 지치게 하고 있습니다. 내 노력에도 불구하고 나는 지금 죄의식으로 고통을 받고 있고, 그것을 내 마음 속에서 제거할 수가 없습니다."

만약 우리가 그 특별한 시간에 그러한 교제를 갖지 않았다면, 그 사람은 그 날 어디에선가 감정이 폭발했을 것이다.

어떠한 것도 이것보다 더 우리를 무겁게 압박하는 것은 없다. 어떠한 것도 더 감정의 에너지를 고갈시키는 것은 없다. 죄의식은 우리 삶에서 고통스런 존재이다. 사실상 있다손치더라도, 죄의식만큼 의기소침하게 되고 고통스럽게 하는 인간의 감정은 없다. 죄의식으로 인해 심적인 격렬함의 극치에 달했을 때, 낮에는 우리의 의식적인 마음을 좀먹게 하고, 밤에는 꿈으로 우리를 괴롭힌다.

양심의 소리는 인간 마음의 내부에서 나오는 소리이다. 그것은 종종 우리의 실수, 실패 그리고 죄를 야단치며 죄를 비난하는 소리이다. 이 양심의 소리는 우리를 구원하는 소리가 될 수 있으며, 죄를 고백하고 회개하도록 요청할 수 있고, 다른 사람과의 관계에서 우리의 실패를 돌아볼 수 있게 해 준다. 그러나 양심의 소리는 우리를 비난하거나 파괴하는 요소도 될 수 있고, 우리의 마음을 괴롭혀 고통스럽게 할 수 있으며, 심지어는 정신병으로 우리를 몰고 갈 수 있다. 우리는 그리스도인으로 어떻게 극복해 나가야 하는가?

전문적인 의학과 심리학의 도움이 필요할 정도로 자기를 비난하며 자기를 증오함으로 고통받는 사람은 극단적인 죄의식이 어떠한 영향을 미치는가에 대한 예이다. 이 워크북을 사용하며 그리스도인으로서 역경을 극복해 나가기를 진정으로 원하는 사람들과 교제하는 것은 우리가 어떠한 상태에 있는지를 보게 하는 데 도움을 줄 것이다.

사랑 안에서 정직하게 교제하고 진리를 이야기하는 것은 그리스도인이 가지고 있는 관심의 상징이다. 누군가가 당신에게 전문적인 도움을 구하라고 제안하거나 혹은 당신이 다른 누구에게 목사나 상담가로부터 전문적인 도움을 구하라고 제안하는 것은 그리스도인의 관심이 아름답다는 것을 나타내 주는 것일 수 있다. 이러한 관심의 표시는 그룹 단위로 이루어져서는 안 되고 개인적으로 이루어져야 한다. 그러한 제안은 서로에게 신뢰가 형성되어 있고 진정으로 관심을 갖고 있다는 마음이 표현될 때 가능하다. 이것은 죄의식에 관한 분야에서 뿐 아니라 우리가 다루고 있는 염려의 모든 분야에서도 동일하게 적용되는 사실이다.

우리의 죄의식을 바르게 볼 수 있게 도와 줄 과정을 시작하자. 첫째 당신의 감정을 분명히 하라. 지금 이것은 단순하게 들리지만, 단순한 이야기가 아니다. 우리의 마음과 양심은 우리를 속인다. 죄의식이 우리의 내부에서 막연하게, 그리고 이름 없이 멋대로 우리를 휘젓고 다니는 채로 남겨지는 한 우리는 그것을 다룰 수 없다. 그래서 우리는 감정을 명확히 해야 할 필요가 있다. 왜 내게는 죄책감이 있는가? 죄책감이 들도록 내가 한 일은 무엇인가? 당신의 감정을 분명히 하라.

이것과 비슷한 두 번째 원칙이 있다. 아마도 죄의식의 관념은 잘못된 책임감에 그 근원이 있을 수 있음을 알아야 한다. 통제할 수 없는 것을 책임지려 함으로 당신은 자신을 비난할 수 있고, 자신의 감정을 고통스럽게 할 수 있다. 그러므로 죄의식을 다룰 때, 무엇이 죄의식을 갖게 하는지 자신에게 물어보고, 만약 그것을 극복할 수 있다면 그렇게 하도록 노력하라.

셋째, 과실이나 폭력, 그리고 다른 것으로 인해 생겨난 죄의식은 순수하게 책임지고 용서를 구함으로 죄책감이 경감될 수 있다. 화해가 쉬운 것은 아니다. 정말 그렇다. 우리는 우리가 잘못한 사람에게 용서를 구할 때, 때때로 상대편은 완고해지며, 언짢아하고 보복적인 모습을 보인다. 그리고 우리의 용서를 받아들이지도 자신의 호의를 우리에게 주지도 않을 것이다. 그것은 우리가 죄의 대가를 치르는 것을 의미한다. 우리는 우리의 잘못된 행동 때문에 고통받는다. 우리의 고통은 정신적 고뇌, 분리의 아픔, 그리고 우리가 서로 진정으로 용서를 주고 받을 때까지 냉정하고 형식적인 관계를 지속할 수밖에 없는 것이며, 불화가 해결되지 않는 것이다.

그러나 이것을 기억하라. 만약 당신이 그래서는 안 될 어떠한 관계에 대해서 죄책감을 가지고 있다면, 당신이 어떠한 조치를 취할 때까지, 그리고 주도권을 가지고 기꺼이 책임을 질 때까지 그 죄의식이 경감되지 않는다. 당신에게 책임이 있음을 고백하고 용서의 과정을 주도하라.

묵상하고 기록하기

당신이 깊게 느끼고 있는 한 가지 죄의식의 문제를 분명히 자각하고 지금 마음에 떠 올리라. 당신 마음 안에 있는 그 문제를 명확히 하라. 그것의 진상을 바로 보기 위하여, 방금 공부한 명확히 하는 과정으로 돌아가라.

＊　　＊　　＊

만약 죄의식이 관계에 대한 것이라면, 상대에게 용서를 구하거나 용서할 것을 결단하라.

만약 이미 용서를 구하거나 용서를 했는데 상대방이 용서하거나 받기를 거절했다면, 그 사람이 용서를 통한 화해의 장으로 나올 수 있도록 매일 하나님의 은혜의 기적을 구하며 기도하라.

만약 죄의식이 당신이 통제할 수 없는 것을 책임지는 것에서 온 것이라면 잘못된 짐에서 벗어나도록 하나님께 구하라. 그리고 당신 자신을 계속해서 비난하지 않도록 결단하라.

이제 이 성경의 약속 가운데 잠시 휴식을 취하라. "만약 우리가 우리의 죄를 자백하면, 저는 미쁘시고 의로우사 우리 죄를 사하시고 모든 불의에서 우리를 깨끗케 하실 것이요" (요일 1:9).

하루 동안

오늘 죄의식이 당신의 생각을 공격할 때 가능한 한 죄의 근원이 무엇인지 분명히 기억해 두라. 그리고 시간이 있을 때, 때때로 낮이나 혹은 잠들기 전에 우리가 공부했던 대로 죄의식이 형성되어지는 과정을 명확히 해 보라.

다섯째 날　하나님의 은혜의 보좌 앞에 나아가기

죄의식이 우리의 삶에서 우리를 극도로 쇠약하게 하는 두 가지가 있다. 하나는 부모로서의 우리의 역할이다. 유전자의 전이(轉移)나 출생 사고로 인한 아이들의 장애와 쇠약함, 그리고 정신 이상에 대한 비난조차도 부모들이 자기 자녀들에 대한 잘못된 모든 것을 책임지는 것은 이상한 것이 아니다.

죄의식이 우리의 삶에서 우리를 극도로 쇠약하게 하는 두 번째는 우리가 "성취된 자아"라고 부르는 것과 "잠재된 자아" 사이의 갈등이다. 우리가 때때로 이루고자 했던 것을 이루지 못했거나, 한번 마음 속에 계획했던 것을 하지 못했을 때 우리는 무서운 죄의식을 갖게 된다.

이것은 우리가 우리 자신을 돌아볼 때 그렇게 되어야만 하는 방법이다. 우리는 우리가 가지고 있는 잠재적인 성취의 관점에서 우리가 이미 성취한 것에 대해 건전하게 이해해야 한다. 우리가 될 수 있는 최상의 모습은 하나님이 계획하셔서 우리를 창조하셨던 그 모습대로의 사람이 되는 것이며, 이것은 "우리가 심은 곳에 열매를 맺게 하는 것"과 같은 이치이다. 열등한 사람은 없다는 것을 우리 모두가 기억할 필요가 있다. 우리들 각자는 독특하고 되풀이될 수 없는 하나님의 기적이다. 우리 모두는 우리만의 독특한 장점이 있으며, 또한 약점도 있다. 우리가 우리의 장점을 활용할 때, 우리의 약점은 적어진다. 우리가 우리의 약점을 인식할 때 우리는 에너지를 낭비하지 않아도 되며, 혹은 성취의 부족이나 재능의 부족에 대한 죄의식 가운데 젖지 않아도 된다. 우리는 "잠재된 자아"가 실현되지 않을 때 그것에 *관심을 갖되 죄의식은 갖지 말아야* 한다.

이제 우리가 죄의식을 극복하기에는 무능한 존재라는 점에 초점을 맞추어 보자. 이것을 분명히 하기 위하여 다음의 성경 말씀을 묵상해 보라.

그러므로 우리가 저 안식에 들어가기를 힘쓸지니, 이는 누구든지 저 순종치 아니하는 본에 빠지지 않게 하려 함이라. 하나님의 말씀은 살았고 운동력이 있어, 좌우에 날 선 어떤 검보다도 예리하여, 혼과 영과 및 관절과 골수를 찔러 쪼개기까지 하며, 또 마음의 생각과 뜻을 감찰하나니, 지으신 것이 하나라도 그 앞에 나타나지 않음이 없고, 오직 만물이 우리를 상관하시는 자의 눈앞에 벌거벗은 것 같이 드러나느니라. 그러므로 우리에게 큰 대제사장이 있으니 승천하신 자, 곧 하나님 아들 예수시라. 우리가 믿는 도리를 굳게 잡을지어다. 우리에게 있는 대제사장은 우리 연약함을 체휼하지 아니하는 자가 아니요, 모든 일에 우리와 한결같이 시험을 받은 자로되 죄는 없으시니라. 그러므로 우리가 긍휼하심을 받고 때

를 따라 돕는 은혜를 얻기 위하여 은혜의 보좌 앞에 담대히 나아
갈 것이니라.

히브리서 4:11-16

이제 좀더 적극적으로 이와 같은 이론을 전개해 보자. 우리 대
부분은 하나님의 보좌가 은혜의 장소라는 것을 받아들이지 않기
때문에 죄투성이가 된다. 하나님의 성품과 관련해 볼 때 그것은
깊은 종교적인 문제, 아마도 모든 종교적인 문제 가운데에서 가
장 깊은 문제일 것이다. 다음의 두 이야기를 보자.

두 이야기 가운데 하나는 남아프리카의 이야기이다. 세상은 그
폭력 국가를 주목한다. 알란 파톤(Alan Paton)은 그 폭력 국가에
있는 위인들 중 한 사람이다. 그의 소설 『너무 늦은 팔라로프』
(Too Late the Phalarope)에서 우리는 적절한 예화의 한 장면을
볼 수 있다. 백인 경찰 중위가 비밀리에 흑인 아프리카 여자를
성추행했다. 남아프리카에서 그러한 행위는 모든 면에서 법에 위
반된다. 그것은 시민법에 위반될 뿐 아니라 엄격한 의미에서 인
종 차별의 혐오할 만한 그리고 용서할 수 없는 죄이다.

그 경찰은 상관에게 책임을 추궁당한다. 처음에는 책임을 부인
하지만, 그 증거가 너무 명확한 것이어서 마침내 자신의 죄를 고
백한다. 그 상관은 이상하게 보이는 일을 한다. 상관은 죄를 지은
부하의 아버지를 방문하러 가서 그 아들의 죄에 대해 나눈다. 그
것은 감동적이고 비극적인 장면이다.

그 아버지가 상관에게 묻는다. "그것이 사실입니까?"

그 상관이 대답한다. "두렵지만 사실입니다."

아버지가 다시 묻는다. "분명합니까?"

상관이 말한다. "당신의 아들이 내게 사실이라고 고백했습니다."

그리고 나서 아버지의 깊은 한숨 소리와 침묵이 이어졌다. 아버지의 한숨은 고통으로 괴로워하는 어느 동물의 숨소리와 같았다. 이 대화를 나누던 방에는 그 아들의 어머니와 아버지의 여동생이 있었다. 아버지는 그 여동생을 향해 말한다. "그 책을 가져다 주렴." 그녀는 책장으로 가서 무거운 가족 성경을 꺼내 오빠에게 가져온다. 그리고는 그것을 그의 앞 테이블에 놓는다. 그녀는 그가 어느 쪽을 읽을지 궁금해 한다.

아버지는 성경의 어느 부분도 읽지 않는다. 그는 대신 150년 동안 기록해 왔던 가족의 이름이 있는 성경의 앞 부분을 펼친다. 그는 펜과 잉크를 가지고 그의 아들의 이름 피터 반 블란더렌(Pieter Van Vlaanderen)이란 이름을 지운다. 그것도 그 페이지에서 완전히 지우려는 듯 한 번이 아니라 여러 번 지운다. 적어도 누가 보기에 어떤 분노나 절망 없이, 그리고 어떠한 말도 없이 그는 그 극적인 일을 한다. 그리고 나서 그 상관을 향해 아주 조용히 묻는다. "또 다른 것이 있습니까?" 상관은 이것이 그 집을 떠나기 원하는 암시임을 알고, 자기가 어머니에게 줄 수 있는 도움이 있는지 묻고 그렇게 한다.

그러나 그의 아버지는 퉁명스럽게 그를 향해 말했다. "이 집에서 도움을 요청할 사람은 아무도 없습니다." 그제서야 상관은 그 자리를 떠난다.

그리고 나서 그 아버지는 여전히 테이블에 앉은 채 그의 여동생에게 말한다. "문을 잠그고, 빗장으로 건 뒤, 열쇠를 내게 가져와. 우리 집 문은 결코 다시 열리지 않을 것이야."

그것은 그 소설의 한 장면이다. 그 문은 영원히 닫힌다. 그 아들은 결코 집에 돌아올 수 없다 (Paton, pp. 249-51을 편집).

이제, 내가 이상의 이야기와 반대되는 성경의 이야기를 할 때 흥분될 것이다. 한 아버지에게 두 아들이 있었다. 그 중 한 아들이 집을 떠나 방탕하고 낭비하며, 그가 상속받은 재산을 탕진했다. 그 아들은 유대인이 알아차릴 수 없을 만큼 밑바닥까지 내려간 생활, 즉 돼지를 치는 생활을 할 수밖에 없었다. 그것은 혐오스러운 죄였고, 가족에 대한 불명예였으며, 아버지가 아들 때문에 고통받을 수 있는 가장 끔찍한 수치였다.

당신은 이 이야기를 알고 있다. 물론 그 아버지는 아들이 이와 같은 삶을 살고 있다는 것을 알게 되었거나 어렴풋이 알아차린다. 아버지의 마음은 무너진다. 그러나 그는 집 문을 닫지 않고, 계속해서 활짝 열어 놓는다. 아니 그것 이상이다. 그는 문을 계속 활짝 열어 놓고, 매일 길을 찾아 나서며, 가능한 한 멀리 바라보며, 아들이 그에게 돌아올 수 있도록 기원하며 기도한다. 드디어 아들이 돌아온다. 그 아버지는 그를 멀리서 보고 그를 맞으려고 달려간다. 그를 팔에 안고 그의 아들이 준비해 놓은 용서의 고백조차 할 틈을 주지 않았다. 아버지는 아들을 포옹하고 입을 맞추고, 가족을 표시하는 반지를 주고, 살진 송아지를 잡고, 화려한 옷을 입혀 큰 잔치를 준비한다. 그리고는 다음과 같이 말한다, "(나의 아들은) 죽었다가 살았으며 내가 잃었다가 얻었다" (눅 15:32).

이 두 이야기는 오늘의 주제를 극적으로 말해 준다. 일반적으로 우리는 죄를 지을 때, 그리고 우리의 삶과 다른 사람의 삶을 파괴할 때, 하나님의 보좌의 문은 닫혀진다고 생각한다.

이렇게 생각하는 것에 대하여 유일하게 긍정적인 것은 우리가 범죄의 심각성을 알고 있다는 것이다. 그러나 하나님의 보좌의 문은 닫혀지지 않는다. 이것이 진리이며 탕자의 비유가 우리에게 가르쳐 주는 교훈이다. 히브리서의 말씀은 이렇게 말하고 있다. "그러므로 우리가 긍휼하심을 받고 때를 따라 돕는 은혜를 얻기 위하여 은혜의 보좌 앞에 담대히 나아갈 것이니라" (히 4:16).

이것이 우리가 죄의식으로부터 궁극적으로 해방될 수 있는 유일한 방법이다. 다른 사람들에게 지은 죄조차 우리의 죄는 또한 하나님께 지은 죄이다. 만약 우리가 죄의식의 근원을 다루려고 한다면 우리는 하나님과의 관계 안에서 다루어야 한다.

묵상하고 기록하기

"그러므로 우리가 긍휼하심을 받고 때를 따라 돕는 은혜를 얻기 위하여 은혜의 보좌 앞에 담대히 나아갈 것이니라." 몇 분 동안 이 말씀을 깊이 묵상하라. 그리고 나서 고백의 기도문을 작성하라. 당신이 가지고 있는 죄책감에 이름을 붙이며, 당신의 죄를 고백하고 살아 계신 그리스도의 긍휼과 은혜를 구하라.

✳　　✳　　✳

고백의 기도

하루 동안

우리를 죄의식으로부터 자유케 하는 용서의 원동력 중 하나는 고백이다. 때때로 그리스도의 용서는 우리가 우리 삶 속에서 다른 사람에게 고백함으로 실현된다. 이에 관해서는 나중에 더 다룰 것이다. 이제 당신은 죄의식을 나눌 수 있거나 죄를 고백할 수 있는 신뢰할 만한 친구를 얻기 원할지도 모른다. 당신이 이 책을 공부하면서 시험하고 있는 원동력으로 그렇게 하고 있는 이유를 그 사람에게 알게 하라.

여섯째 날   두려움은 각 삶에서 불처럼 타는 소리를 낸다

당신은 이륙을 위해 승객들이 다 안전벨트를 착용하게 하고 활주하는 747 비행기의 이야기를 들었는가? 활주로의 끝에서 그 비

행기는 멈추어 섰다. 비행기의 기장이 스피커로 방송을 내보냈다: "안녕하십니까, 신사 숙녀 여러분! 저는 여러분을 모시는 기장입니다. 런던 히드로 (Heathrow) 공항으로 가는 22번 비행기를 탑승하신 것을 환영합니다. 우리는 순항을 위해 3만 피트 고도로 올라갈 것이며, 시간당 600마일의 비행 속도로 여행할 것입니다. 우리의 비행기는 캐나다, 그린랜드, 아이슬랜드를 지나 아일랜드 위로 비행할 것입니다. 비행 시간은 약 9시간이 소요될 예정입니다. 비행기가 이륙하자마자 우리 승무원들이 아침 식사를 제공해 드릴 것입니다. 제가 용기를 내자마자...우리는 이륙할 것입니다!"

살아 있는 사람이라면 누구나 두려움의 경험을 알고 있다. 왜냐하면 두려움은 각 삶에서 불처럼 타는 소리를 내기 때문이다. 이 불은 사람이나 어떠한 사건들 속에 있는 끊임없는 불확실성 때문에 타오른다.

이제 잠시 멈추어서, 당신의 마음 속에 두려워하고 있는 네다섯 가지의 일, 상황, 관계들을 열거하라. 그것들을 한 단어 혹은 한 문장으로 기록하라.

우리가 도망가는 것에 대해 꿈꾸는 것은 이상한 일인가? 우리는 매일 혹은 매주 우리의 삶에 두려움을 가져오는 강한 압박과 세력으로부터 벗어나, 한적하고 안전해질 수 있는 안전하고 사랑스런 어떤 아득한 섬에 대해 꿈꾼다. 그리스도인으로서 우리는 두려움을 어떻게 극복해 나갈 수 있는가? 우리의 두려움을 긍정적으로 다루는 방법이 있는가? 그리고 두려움이 부정적이고 파괴적이라면 그 두려움을 우리가 통제하며 극복할 수 있는 다른 방법이 있는가?

나는 모든 두려움이 나쁜 것은 아니라고 분명히 믿는다. 두려움은 우리의 삶에서 건강한 힘이 될 수도 있다. 전혀 두려움이 없는 사람은 바보이다! 나는 완전히 바보인 사람과 자동차에 타고 싶지 않다.

인간으로서 두려움은 우리의 기본적인 경고 장치 중 하나이다. 그것은 우리로 싸우게 하거나 위험과 고통에서 구할 수 있는 본능이다.

두려움은 창조적인 힘이다. 그것은 인류의 가장 위대한 발전의 어떤 것을 책임져왔다. 죽음의 두려움은 암과 삶을 위협하는 다른 병에 대한 치료법을 찾게 한다. 무지에 대한 두려움은 법정 학교 출석 일수를 법으로 통과시켜 국가로 하여금 국민의 교육에 대해서 책임지도록 자극한다.

핵 시대에서 전쟁의 두려움은 우리로 하여금 핵을 하나의 무기로 발전시켜 나가는 것에 반대하는 운동을 벌이게 하며, 그렇게 항거하는 가운데 핵무기와 관련된 많은 사람들을 감옥으로 보낸다.

그러므로 두려움은 우리의 삶에 긍정적인 힘이 될 수 있다. 지금 우리가 찾고 있는 것은 완전히 두려움이 없는 삶이 아니라, 두려움을 극복할 수 있다는 확신, 그리고 우리의 삶을 침범하여

우리를 허약하게 하는 두려움을 통제하는 수단이다. 우리를 허약
하게 만드는 두려움의 목록을 열거할 필요가 있는가?

▶ 어떠한 것을 모험하거나 심지어는 시도하다가 하는 실패에 대한
  두려움.
▶ 내적인 갈등으로 인한 지옥 같은 삶으로 불 같이 타오르는 내적
  인 연약함에 대한 두려움.
▶ 배우자 개인의 능력이나 성실함에 대해 의심하는 두려움, 우리
  를 무기력하게 만드는 두려움.
▶ 우리를 운둔자로, 그리고 진정한 지식과 나눔을 방해하는 마스
  크를 쓴 자로 바꾸어 가면서, 우리의 도덕적인 약점이나 두려워
  하고 있는 그 자체가 발견되는 두려움.
▶ 죽음의 두려움, 사랑하는 자를 상실한 두려움,
▶ 은퇴 후 경제적 불안정에 대한 두려움.
▶ 자녀들이 "좋게" 되지 못하고, 부모로서 실패자가 될 것이라는
  두려움.

위에서 기록한 두려움의 목록들을 다시 돌아보라. 이 목록들
가운데 어떤 것이 내가 지금 제시한 두려움의 목록과 같은가?

＊　　＊　　＊

그러한 목록은 얼마든지 더 있다. 문제는 우리가 어떻게 극복
해 나가는가이다. 두려워하는 것보다 오히려 어떻게 자신할 수

있는가? 오늘 한 가지 제안을 하겠다: *당신 안에 있는 두려움을 열거하고 그것을 정면으로 대면하라.*

프랭클린 루즈벨트 (Franklin Roosevelt) 대통령이 다음과 같은 말을 하곤 했다. "우리가 두려워해야 할 유일한 것은 두려움 그 자체이다." 우리 안에 있는 두려움이 무엇인지 밝히고, 그것을 대면할 때 다음의 두 가지 일이 있게 된다. 첫째, 그것은 때때로 두려움 그 자체를 사라지게 만든다.

나는 일전에 한 의사가 악성일 것이라고 의심한 등에 있는 종양 때문에 3주 동안 병원에 갔었다. 나의 아내 제리(Jerry)는 그 사실 때문에 망연자실하였다. 내가 죽을 수 있다는 그녀의 두려움은 신앙 여정에서 불건전하게 나를 의존했던 것을 포함한 다루기 힘든 각종의 문제들을 표면으로 드러냈다. 그리고 두려움은 또한 나를 꼼짝 못하게 위협했다. 우리는 여행과 설교 약속 때문에 종양의 최종 진단 결과를 알 수가 없었다. 여행하는 동안 두려움은 나의 불청객이었으며, 여행의 동반자였다. 마침내 최종 진단 결과가 나왔을 때 나는 두려움의 짐에서 벗어날 수 있었다. 악성이 아닌 것으로 판명되었기 때문이다. 그 두려움은 사라지게 된 것이다. 우리가 두려움을 정면으로 대면할 때 종종 그러한 일이 발생한다.

우리 안에 있는 두려움이 무엇인지 밝혀내고 그것을 정면으로 대면할 때 일어나는 두 번째는 우리에게는 그것을 극복할 수 있는 어떤 힘이 주어진다는 것이다. 우리 안에 있는 두려움을 무엇인지 밝힘으로 우리는 그 두려움을 대면하고 극복할 수 있는 용기와 힘을 얻는다. 그리고 우리 안에 있는 두려움을 확인하는 과정에서, 우리는 그 두려움의 실체가 무엇인지 대면하게 되며, 만약 완전히 극복하지 못한다고 할지라도, 그 두려움을 우리 힘으로 극복할 수 있는 데까지 나갈 수 있다.

묵상하고 기록하기

당신이 미리 밝혀 놓은 두려움의 목록으로 돌아가라. 그것들을 자세히 보라. 당신이 정말로 그것들을 밝혀서 열거했는가? 그 목록들 가운데 당신에게 가장 중압감을 주는 하나를 선택하라. 당신이 그 두려움을 어떻게 느끼는지에 대해 아래에 기록하라. 그것이 무엇인지 알아보라. 그리고 그것을 숨기지 아니하고 정면으로 대면할 때까지 끝까지 후속 조치를 취할 것을 결단하라.

이제 23편을 읽고 이 글이 주는 확신 가운데 안식하라.

여호와는 나의 목자시니, 내가 부족함이 없으리로다.
그가 나를 푸른 초장에 누이시며,
쉴 만한 물가으로 인도하시는도다.
내 영혼을 소생시키시고,
자기 이름을 위하여 의의 길로 인도하시는도다.

내가 사망의 음침한 골짜기로 다닐지라도
    해를 두려워하지 않을 것은
주께서 나와 함께 하심이라.
주의 지팡이와 막대기가
    나를 안위하시나이다.

주께서 내 원수의 목전에서
    내게 상을 베푸시고,
기름으로 내 머리에 바르셨으니,
    내 잔이 넘치나이다.
나의 평생에 선하심과 인자하심이
    정녕 나를 따르리니,
내가 여호와의 집에 영원히 거하리로다.

이 시편의 한 절은 우리의 두려움을 특별한 방법으로 말해 준다. "주께서 내 원수의 목전에서 내게 상을 베푸시고" (5절). 그것은 주님의 보호하심에 대해서 말해 준다. 그 보호하심 때문에 우리는 두려워할 필요가 없다.

하루 동안

당신은 시편 23편을 암송할 줄 아는가? 만약 그렇지 않다면 그것을 암송하도록 시도하라. 특별히 "주께서 내 원수의 목전에서 내게 상을 베푸시고"라는 구절에 대한 확신을 가지고 하루 종일 많은 시간 동안 그 시편을 반복하라. 두려움이 당신의 삶을 침범해 올 때 마음 속에 그 진리를 떠올리라.

일곱째 날   하나님은 우리를 보호하신다

"만약 두려움이 현대 생활에서 없어진다면 정신치료사들의 일도 거의 사라질 것이다." 이것은 저명한 정신과 의사 해드필드 (J. A. Hadfield) 박사의 말이다 (Moyes, p. 21).

미국의 탁월한 신경외과 의사인 프랭크 메이필드 (Frank Mayfield) 박사는 암 환자의 고통을 덜어 주기 위해 신경을 수술하며 다음과 같은 결론을 내렸다:

암 환자들이 경험하는 대부분의 고통은 염려와 두려움, 알지 못하는 것에 대한 두려움, 죽음에 대한 두려움에서 비롯된 감정적인 자극에서 나온 것이다. 나는 만약 사람들이 그들의 상태를 이해하고 어떤 종교적인 믿음을 갖고 있다면 많은 고통이 경감되었을 것이라고 확신한다. 나는 암 환자가 종교를 갖게 될 때, 염려, 두려움 그리고 고통으로부터 해방되는 놀라운 경험을 한다는 것을 알았다 (Moyes, p. 23).

이것은 두려움을 밝히고 정면으로 대면하는 것에 대해 말하고 있지만, 또한 두려움을 극복하는 또 다른 중요한 도구에 대해서도 말해 준다. 그것은 *하나님의 보호하시는 능력을 의뢰하는 것*이다.

이 이론에 도움이 되는 내가 경험한 한 실례가 있다. 한번은 내 딸이 나를 불러서 하나밖에 없는 손자 나단(Nathan)에게 안진증(眼震症)이라 불리는 병이 있음을 이야기했다. 나단은 눈을 계속해서 깜박거리거나 초점을 맞추지 못했다. 나단은 이제 겨우 4개월이다. 태어날 때 문제가 있었는데, 우리는 그것이 어떤 결점을 야기할까 싶어서 끊임없이 두려워하고 있었다. 그러나 어떠한 징후도 없었고, 그 아이는 정상적으로 성장해 갔다. 그는 행복하고, 건강한 아기지만, 지금 안진증의 문제가 생긴 것이다. 그는 소아안과 전문 의사에게 갈 것이지만, 3주 동안 계속 갈 것은 아니다. 그 문제는 근육상 혹은 신경학상 문제, 심지어는 귀 내부의 문제일 수도 있었다.

내 딸은 어머니로서 자연스런 염려를 가지고 있었는데, 거기에는 두려움이 있었다. 그녀는 이것이 심각할지라도 우리는 그것을 관망하며 지켜보아야 한다고 나를 격려한다 (나는 그녀가 자신을 안심시키기 위한 노력으로 나에게 이와 같이 말했다고 믿는다). 한 가지 분명한 희망의 표시는 나단이 다른 곳에 이상이 없다는 것이다. 그리고 안진증과 같은 병을 가진 성인이 없으므로 그것은 분명히 고칠 수 있고 벗어날 수 있는 것이다.

두려움은 현재 있으며, 소아안과 전문 의사의 진단을 기다리는 3주 동안 그 두려움을 극복해 나가야 할 필요가 있다. 시편에는 우리가 사랑하고 잘 아는 시편 23편과 같은 많은 다른 확신들로 꽉 차 있다.

> 여호와여, 주는 나의 방패시요,
>   나의 영광이시요, 나의 머리를 드시는 자니이다.
>
> 시편 **3:3**

> 여호와는 또 압제를 당하는 자의 산성이시요,
>   환난 때의 산성이시로다.
>
> 시편 **9:9**

나의 힘이 되신 여호와여! 내가 주를 사랑하나이다.
여호와는 나의 반석이시요, 나의 요새시요, 나를 건지시는 자시요,
    나의 하나님이시요, 나의 피할 바위시요,
    나의 방패시요, 나의 구원의 뿔이시요, 나의 산성이시로다.

시편 18:1-2

이런 시편들은 하나님에 대한 신뢰와 의탁에 대해 말해 준다. 우리를 하나님의 의의 길로부터 떨어뜨리고 길을 잃게 만드는 환경과 세력에서 주님은 우리를 보호해 주실 것이다.

호주 시드니의 유명한 설교가이자 작가인 고든 모이스(Gordon Moyes)는 하나님께 의뢰하여 두려움을 극복한 마조리 로렌스(Marjorie Lawrence)에 대해서 말한다. 그녀는 호주의 훌륭한 오페라 가수였지만, 1941년 오페라 가수로 그녀가 절정을 이루었을 때, 소아마비로 장애자가 되었다. 그녀는 일어서거나 움직이거나 노래할 수 없었다. 그녀의 상황은 절망적이었다.

어느 날 밤 마조리 로렌스는 그녀의 남편에게 물었다, "톰, 내가 무엇을 할 수 있을까요?" 그는 대답했다. "모든 사람들이 당신의 상황은 절망적인 것처럼 생각하지만, 하나님이 계시지 않소. 그분을 바라보고 믿음을 가집시다. 그분이 도우실 것이오."

고통과 병약함의 두려움이 그들을 압도하였을지라도, 그들은 이런 두려움을 대면했고 시편을 읽었다. 다음은 마조리 로렌스가 쓴 글이다:

나를 위해 특별히 쓰여진 성경의 내용이 있었다. 이 내용은 나의 병든 영혼을 위한 하나님의 처방이었다: "주님은 나의 힘이시요,

노래시요, 나의 구원이시라; 주님은 나의 빛이시요, 나의 구원이
시라; 내가 누구를 두려워하리요? 주님은 내 생명의 능력이시라;
내가 누구를 무서워하리요?"

그리고 나서 겸손하게 믿음을 가지고 남편과 나는 기도했다.
내가 치유되어야 하는 것만 기도하지 않고, 인내와 강인함을 가지
고 우리의 십자가를 질 수 있도록 우리의 삶을 계속할 수 있는 용
기와 소망을 달라고 기도했다. 우리가 사물을 계획하고 계시는 하
나님의 일부분을 깨닫고 그를 바라본 날부터, 나의 정신적 시야는
기적적으로 변화되었다. 믿음과 기도는 두려움을 쫓아냈고, 싸우
려는 의지와 이기려는 의지가 회복되었다!

"믿음과 기도는 두려움을 쫓아냈다!" 두려움이 없어지고, 새로
운 희망은 마조리 로렌의 회복하고자 하는 결심과 다시 노래를
부르겠다는 결심을 강화시켰다고 고든 모이스는 기록했다. 세계
곳곳에서 다시 새롭게 노래를 부르는 길로 돌아가기 위해, 그녀
는 지속적으로 고통스러운 연습을 계속하였다.

"암울한 제 2차 세계대전 때, 마조리 로렌스는 군대에서 노래
하며 휠체어를 타고 캠프를 돌아다녔다. 군인들은 그녀의 용기,
강인함 그리고 희망을 인정하였다. 그녀는 담대함을 가지고 이
전에 다른 사람들이 할 수 없었던 방법으로 군인들을 격려했다"
(Moyes, pp. 27-28).

묵상하고 기록하기

우리가 종종 두려움을 너무 많이 갖는 한 가지 이유는 우리가
두려움을 다른 사람들에게 숨기기 때문이다. 우리 마음 속 깊숙

한 곳에 감추어 있는 두려움은 우리의 정신적인 삶뿐 만이 아니라 육체에도 해를 끼칠 수 있다. 우리의 신장샘은 두려움으로 자극될 때 신장에서 분비되는 호르몬인 *에피네프린*을 분비한다는 것을 의사에게 들었다. 이것은 하나님이 우리 몸을 신비하게 만드신 한 예이다. 두려움이 생길 때 분비물은 우리가 위험에 처할 때 빨리 달렸다고 생각하는 것보다 더 빨리 달릴 수 있는 여분의 에너지를 제공하거나 또는 함정에 빠져서 불가능해 보이는 짐을 들어 올릴 수 있는 여분의 에너지를 제공한다.

그러나 너무 많은 *에피네프린*은 육체의 조직에 해가 될 수 있다: 그러므로 깊이 감추어진 두려움은 구역질, 창백함, 심장 떨림, 전율, 심지어는 경련과 같은 육체적인 문제를 야기시킬 것이다. 이러한 이유 때문에, 죄로부터 자유한 사람들과 삶에 대한 두려움이 없는 사람들은 두려움을 가지고 있는 환자들보다 병에서 보다 빠르게 회복될 수 있는 내적 평화를 가진다.

그러므로 우리가 두려움을 감추고, 그 두려움을 내부에 계속 묻어 둘 때, 육체뿐 아니라 정신적 위험에 빠진다는 점이 중요하다. 당신은 이러한 위험에 빠져 있는가? 신뢰하고 있는 친구에게 나눌 필요가 있는 깊이 감추어 둔 어떤 두려움이 있는가? 이제 당신의 삶을 살펴보라.

✻　　✻　　✻

당신은 두려움을 나눌 수 있는 친한 친구나 목사가 있는가? 곧 그렇게 할 시간을 만들라.

하루 동안

두려움의 해독제 역할을 하는 전형적인 성경 구절은 요한일서 4장 18절이다: "사랑 안에 두려움이 없고, 온전한 사랑은 두려움을 내어 쫓나니." 오늘 그리고 앞으로, 두려움이 있을 때 온전한 사랑을 추구하라. 당신의 관계에서 제한되지 않고 무조건적인 온전한 그리스도의 사랑을 구하라. 당신이 그리스도의 사랑을 구할 때 그 사랑은 두려움 대신 평화를 가져다 준다.

둘째 주를 위한 그룹 모임

도 입

이 모임의 참석자들이 약속한 것이 있다. 만약 약속한 대로, 매일 30분 동안 훈련을 하고 꾸준히 주간 모임에 참석한다면 효과가 극대화될 것이다. 워크북에서 하루 정도의 훈련을 빠뜨렸다고 해도 죄책감을 갖지 말라. 혹은 30분의 시간을 다 채우지 못했다고 낙심하지 말라. 모임에서 다른 구성원들과 함께 나누는 것을 주저하지 말라. 우리는 나누면서 자신에 대해 어느 정도 배울 수 있다. 예를 들면, 우리에게 부과된 요구 때문에, 우리의 어떠한 부분이 드러나는 것 때문에, 무의식적으로 어느 특정한 날의 내용을 다루기 두려워한다는 사실을 발견할 수 있다. 당신 자신에 대해 인내하라. 그리고 하나님께서 당신에게 가르치고자 하시는 것에 대해 마음을 열어라.

우리의 성장은 부분적으로는 우리가 그룹 모임에 참여하여 가능한 한 마음을 활짝 열고 솔직한 자세로 나누는 일에 임하는 데 달려 있다. 다른 사람들의 말에 귀를 기울이라. 만약 당신이 정말로 주의 집중하여 상대방의 말을 듣는다면 당신이 듣는 말 그 이상의 의미를 발견하게 될 것이다.

이와 같이 신중한 자세로 모임에 참석하는 것이 중요하다. 또한 각자의 마음에 와 닿는 느낌에 대해 즉각적으로 반응하는 것도 중요하다. 때때로 그룹 전체의 관심을 어떤 특정한 인물에게 집중하는 것이 필요할 때가 있다. 어떠한 필요나 관심을 끄는 문제가 발견되면 인도자는 잠시 시간을 내어 제기된 문제들을 위해 그룹의 구성원들과 함께 기도하자고 제안할 필요가 있다. 한편, 어떠한 민감한 문제가 제기되었을 때 참석자들이 인도자에게만 의존해서는 안 된다. 왜냐하면 인도자가 미처 챙기지 못할 때가 있기 때문이다. 당신이 비록 인도자가 아닐지라도, 당신에게 있는 특별한 기도 제목을 그룹 구성원에게 부탁하는 것을 주저하지 말라. 이 기도는 묵상으로도 할 수 있고, 혹은 누가 대표로 기도하는 것이 좋을 수도 있다.

당신이 그룹에 기여할 부분이 있다는 것을 기억하라. 당신에게는 사소하고 별로 중요하게 생각되지 않는 일도 다른 사람에게는 들을 필요가 있는 것일 수 있다. 우리가 원하는 것은 심오한 내용이 아니라 단순하지만 각자 경험한 일들을 솔직하게 나누는 것이다.

함께 나누기

지침 사항: 주어진 시간 안에 내가 제안하는 모든 것들을 적용하기는 불가능할 것이다. 그러므로 인도자는 자신의 그룹에 가장 유익한 사항을 선택해야 한다. 인도자는 이 내용을 완전히 숙지하고 가능한 시간에 그룹이 나가는 방향에 따라 선택해서 사용하는 것이 중요하다. 인도자는 이 시간을 이끌어 갈 계획을 짜야하지만, 나눔의 성격과 필요에 따라서 그 계획을 바꾸는 것을 망설이지 말라.

1. 모임을 시작할 때, 이러한 나눔의 기회를 주신 것을 감사드리고, 나눔의 시간에 각자의 마음이 열리도록 요청하며, 각자 나누는 말을 존중히 여기도록 간략하게 기도하라.
2. 그룹 구성원 각자가 이번 주 워크북을 공부하면서 가장 의미 있었던 날이 어느 날이었는지 나누라.
3. 이제 가장 힘들었던 날에 대해서 나누고 그 이유를 말하라.
4. *합당한* 염려와 *합당하지* 않은 염려에 대해서 몇 분 동안 이야기를 나누라. 합당한 염려는 어떠한 경우인가?
5. 그룹 구성원들이 가지고 있는 염려의 문제에 초점을 맞추라. 이 염려는 필요와 상황 그리고 다른 어떠한 목록과 관계가 있는가? 그룹 구성원들은 둘째 날 그들이 묵상하고 기록한 것을

다시 살펴보기를 원할 수도 있다.

6. 셋째 날 묵상하고 기록하기에서 제시한 대로, 염려에 관해 무엇인가 할 수 있다는 생각을 가지고 그 염려들을 다시 살펴본 후, 그 염려를 어떻게 다시 보았는지에 대해 도움이 될 만한 것을 나눌 사람이 있는지 물어보라.

7. 합당하지 않는 책임을 지는 것에서 오는 죄의 문제에 대해 이야기를 나누라. 이러한 경험을 한 구성원이 있는가?

8. 은혜는 복음의 핵심이다. 왜 우리는 그것을 받아들이는 데 어려움을 갖는가?

9. 죄를 고백함으로 그 죄에서 용서함을 받고 자유함을 누린 경험을 나눌 구성원이 있는가?

함께 기도하기

지난 주에 언급한 바와 같이, 그룹 모임이 효과적으로 되고 서로의 관계가 질적으로 향상되는 것은 매일 각 사람의 이름을 부르며 기도할 때 가능하다. 지난 주에 요구했던 대로 구성원 각자가 사진을 가지고 왔으면, 그 사진을 탁자 위에 놓고 섞은 후 각각 하나씩 가지게 한다. 각자 취한 사진의 인물이 다음 주 특별히 기도해야 할 대상이다. 다음 주에 그 사진을 가져와서 섞은 후 다시 가져가게 한다. 이 워크북이 끝날 때까지 이 과정을 계속한다. 당신이 한 사람의 사진을 바라보면서 그 사람을 위하여 기도하면 그 의미가 더 커진다. 사진을 보면 당신은 다음 주간에 그 사람을 위한 기도에 특별히 주의를 기울여야 한다는 것을 상기할 것이다.

1. 매주마다 하는 합심기도는 특별한 사역이다. 각 사람이 전체 그룹원과 나누고 싶은 특별한 기도 제목을 이야기한 후, 합심 기도 시간의 일부는 소리 내어 기도하는 시간으로 가지라.

   한 사람이 기도 제목을 말하고 나면 전체가 합심기도 시간을 갖는 것이 좋다. 전체가 소리 없이 기도하는 시간을 갖거나 몇 사람이 두세 마디의 짧은 기도를 소리 내어 할 수 있다.
2. 모임을 마칠 때는 "주기도문"으로 함께 기도한다. 주기도문을 할 때에는 우주적인 중보기도 안에서 모든 시대의 모든 그리스 도인들과 당신 자신이 연결된다는 사실을 명심하라.

격려의 말

당신이 셋째 주의 공부를 시작하면서 잊어서는 안 될 것들이 있다.

우리 인생에 있어서 중요한 것 가운데 하나가 훈련을 받는 것 이다. 훈련은 맹목적으로 엄격한 것이 아니라, 당신에게 삶의 질 서를 회복시켜 주며, 환경의 지배를 받기보다는 오히려 환경을 지배하도록 도와 준다. 일반적으로 기도 생활을 하려면 정해진 기도 시간을 갖는 것이 필수적이다.

이 워크북을 공부하는 규칙적인 시간을 정하지 않았거나 기도 의 시간을 정하지 않았다면, 이번 주에 적합한 시간을 찾도록 노 력하라. 예를 들어, 아침 시간이나 퇴근 후, 아니면 점심 시간이나 잠자리에 들기 직전 등 당신에게 가장 적절한 시간을 마련하라.

하루에 주어진 워크북 자료나 훈련 전체를 모두 소화하지 못한다고 해도 자신을 질책하지 말라. 당신이 할 수 있는 것만이라도 제대로 해야 한다. 깊이 생각해 보지도 않고 다만 서너 단계를 거치거나 원리를 훑고 지나가는 것은 아무런 의미가 없다. 항목 하나 하나를 붙들고 진지하게 기도하라.

위대한 원리나 가능성을 지적으로 동의하는 것은 중요하다. 그러나 마음을 굳게 정하고 그대로 행동할 때까지는 아무런 소용이 없다.

결단하는 데 주저해서는 안 되지만, 설령 그렇게 못한다 해도 자신을 정죄하지 말라. 하나님은 인내하실 뿐만 아니라, 우리도 우리 자신에 대해서 인내하기를 바라신다.

스트레스
고뇌

첫째 날 사자굴 안에서

이에 왕이 명하매 다니엘을 끌어다가 사자굴에 던져 넣는지라. 왕
이 다니엘에게 일러 가로되, 너의 항상 섬기는 네 하나님이 너를
구원하시리라 하니라. 이에 돌을 굴려다가 굴 아구를 막으매, 왕이
어인과 귀인들의 인을 쳐서 봉하였으니, 이는 다니엘 처치한 것을
변개함이 없게 하려 함이었더라.

왕이 궁에 돌아가서는 밤이 맞도록 금식하고, 그 앞에 기악을
그치고, 침수를 폐하니라. 이튿날에 왕이 새벽에 일어나 급히 사자
굴로 가서, 다니엘의 든 굴에 가까이 이르러는 슬피 소리 질러 다
니엘에게 물어 가로되, 사시는 하나님의 종 다니엘아, 너의 항상
섬기는 네 하나님이 사자에게서 너를 구원하시기에 능하셨느냐?
다니엘이 왕에게 고하되, 왕이여, 원컨대 왕은 만세수를 하옵소서!
나의 하나님이 이미 그 천사를 보내어 사자들의 입을 봉하셨으므
로 사자들이 나를 상해치 아니하였사오니, 이는 나의 무죄함이 그

앞에 명백함이오며, 또 왕이여, 나는 왕의 앞에도 해를 끼치지 아니하였나이다. 왕이 심히 기뻐서 명하여 다니엘을 굴에서 올리라 하매, 그들이 다니엘을 굴에서 올린즉 그 몸이 조금도 상하지 아니하였으니, 이는 그가 자기 하나님을 의뢰함이었더라.

다니엘 6:16-23

언제부터인지는 모르나, 사자굴의 상징은 오랜 시간 동안 내 마음에 남아 있었다. 이것은 삶 속에 극복해 나가야 할 부분이 있다는 것을 보여 주는 상징이다. "그들이 다니엘을 사자굴에 던졌다"라는 구절에서, 우리는 무죄하고 혐의가 없는 절대적으로 신뢰할 수 있는 사람을 모든 상황 가운데 가장 어려운 상황 속으로 밀쳐 넣은 사람들에 대해서 말한다.

"사자굴"은 시험이 오는 장소이고, 우리의 성실함을 지키기 위해 투쟁하는 장소이며, 다른 사람들뿐 아니라 우리 자신 또는 우리 외부에 있는 세력과 맹렬히 전투하는 장소이다. 그 곳은 바로 우리 자신의 삶을 위해 싸우는 경기장일 수 있다.

그것은 광범위한 상징이지만, 나는 오늘 우리가 다루어야 할 스트레스와 고통이라는 아마도 우리가 오늘날 당면하고 있는 가장 흔한 문제점에 초점을 맞추어 그것을 사용하기 원한다. 심리학자들과 정신과 의사들은 현대 사회에 가장 널리 퍼져 있고 어려운 싸움 중 하나가 이것이라고 말한다.

산업화된 세계는 산업화를 수행하며 생산하는 데 방해되는 스트레스를 가장 주목하고 있다. 의사들이 요즈음 다루는 많은 병들은 스트레스와 관련이 있다고 말한다. 많은 사례에서 볼 수 있듯이 스트레스는 문제의 원인이다. 그러나 스트레스가 문제를 일으키는 원인이 아닐지라도, 스트레스를 제거하는 것은 치료해야 할 부분임에 틀림없다. 우리는 스트레스와 함께 사는 법을 배우지 않는 한 건강할 수 없다.

그러므로 우리가 그리스도인으로서 고난을 계속 극복해 나갈 때, *사자굴의 삶*이란 우리가 처리해 나가야 할 하나의 상징이다. 그 상징이 구약의 선지자 다니엘을 연상하게 할 수도 있다. 위에 기록된 이야기의 일부분을 재연해 보자. 다니엘을 사랑하고 존경했던 다리오 왕은 다니엘을 왕국의 업무를 주재하는 세 명의 총독 중에 한 사람으로 만들었다. 다니엘은 모든 사람들 가운데 가장 뛰어났다. 그러자 다리오 왕 정부의 소수당 관리의 일부는 질투심으로, 적어도 삼 십 일 동안, 왕 이외의 다른 사람에게 예배할 수 없고, 오직 왕에게만 예배하는 규칙을 만들도록 왕에게 잔꾀를 부렸다. 다니엘은 올무에 걸렸고, 다리오 왕은 심한 슬픔과 절망에 휩싸였으며, 다니엘은 사자굴에 던져졌다. 밤새도록 왕은 금식하며 기도했다. 그가 다음 날 아침에 굴에 갔을 때 사자의 입은 닫혀 있었고, 다니엘은 아무런 해도 입지 않았다.

이것이 사자굴의 삶에 대한 이야기이다. 시편 기자는 다음과 같이 외쳤다. "나를 사자의 입에서 구하소서" (시 22:21). 이것으로 볼 때, 사자굴의 이미지는 오랫동안 우리와 함께 있었다. 최근 나는 한 상업 잡지에서 최고 경영자의 위치와 그 관계의 네트워크가 *사자굴*과 같은 역할을 한다는 기사를 읽었다.

우리는 사자굴의 이미지를 더 분석할 필요는 없다. 왜냐하면 그것으로 충분히 의미 전달이 되기 때문이다. 그것은 갈등과 어려움의 상징이고, 우리가 조절할 수 없는 불안과 공포와 지금 싸워 나가고 있는 감정의 상징이다. 우리 모두가 어느 정도 가지고 있을 뿐 아니라, 많은 사람들이 그 심각성을 호소하고 있는 스트레스에 대한 상징을 살펴보자.

시편 기자는 비록 우리보다 오래 전에 살았지만 스트레스에 대한 감정을 알고 있었다. 그는 외쳤다. "하나님이여, 나를 보호하소서. 내가 주께 피하나이다" (시 16:1). 스트레스의 상징이 함축되어 있으며, 더욱이 스트레스를 극복하고 그것과 함께 살아가는 방법이 기록되어 있기 때문이다. 오늘의 성경 본문인 시편 16편 9절과 10절을 보자.

> 이러므로 내 마음이 기쁘고, 내 영광도 즐거워하며,
>   내 육체도 안전히 거하리니,
> 이는 내 영혼을 음부에 버리지 아니하시며,
>   주의 거룩한 자로 썩지 않게 하실 것임이니이다.

스트레스에 있어서 특이한 것 중 하나는 몸과 영혼, 육체와 감정이 밀접한 관계에 있다는 것이다. 시편 16편 9절에서 그러한 관계를 살펴볼 수 있다: "이러므로 내 마음이 기쁘고, 내 영광도 즐거워하며, 내 육체도 안전히 거하리니." 스트레스는 우리의 내적인 삶과 외적인 삶 사이의 갈등에서 오고, 우리 마음을 더 이상 끌어 갈 수 없을 정도로 피곤해진 몸 때문에 온다. 스트레스는 또한 두려움을 동반하는 죄의식 때문에도 온다. 그 두려움이란 시편 기자가 "하나님이 내 영혼을 음부에 버리지 아니하시며, 주의 거룩한 자로 썩지 않게 하실 것임이니이다"라고 확신할 때 숨어 있던 것이다. 그것들은 죽음, 형벌과 지옥의 상징이며, 죄의식

과 두려움과 관련되어 있고, 따라서 스트레스와도 관련이 있다.

우리는 스트레스에 대해 철저히 연구할 수 없으며, 혹은 이 워크북에서 며칠 동안 공부하여 독자가 원하는 만큼 완전히 조사할 수도 없다. 우리는 그리스도인으로서 이러한 모든 어려운 문제들을 극복해 나가기를 원하고 있으므로, 단지 이 워크북에서는 몇 가지 지침과 방향들을 제시할 것이고, 그러한 것들을 통하여 우리가 신중하게 처신할 수 있기를 바란다. 그러므로 이제 나는 스트레스와 고뇌를 극복하기 위한 몇 가지 제안을 하려고 한다.

첫째, 스트레스를 인식하라. 이것은 스트레스는 감히 무시할 수 없는 우리 생활의 일부이며, 그것과 숨바꼭질 놀이를 할 수도 없는 우리 삶의 한 부분임을 인식하라는 뜻이다. 우리가 스트레스를 인식할 때 우리는 그것이 일상적인 것이고, 심지어는 필요한 것이며, 우리 삶에 긍정적인 힘이 될 수 있고, 위대한 삶을 살아갈 수 있는 창조적인 자극을 줄 수 있다는 것을 알 수 있다. 어떤 사람들은 스트레스를 받으면 일을 더 잘 하기도 한다. 그러므로 평범하고 유익한 스트레스와 우리로 고뇌 가운데 빠지게 하는 해롭고 파괴적인 스트레스를 구별할 필요가 있다.

우리가 처리하기에 너무나 많은 일들이 있을 때, 그리고 우리 자신에게 너무나 많은 요구를 할 때, 스트레스는 고뇌가 된다. 이런 요구들은 육체적이거나 정신적인 본질의 것일 수 있다.

로이드 오길비에(Lloyd Ogilvie)는 『스트레스로 당신을 유익하게 하기』(Making Stress Work For You)란 훌륭한 책을 썼다. 그는 책의 서두에서 스트레스라는 단어를 정의하였다. 왜냐하면 스트레스는 속도, 압박, 삶의 문제들과 같은 여러 유사어를 만들어

냈기 때문이다. "우리는 스트레스를 받고 있는 사람, 스트레스의 상황에 대처하는 방법, 스트레스를 만드는 사람을 다루는 방법에 대해 언급하였다. 우리는 스트레스의 원인에 대한 일반적인 이해는 갖고 있지만, 스트레스와 함께 살아가는 방법에 대해서는 별로 아는 바가 없다."

오길비에는 스트레스가 라틴어로는 "팽팽하게 당겨지는 것"이라는 의미를 가진 스트릭투스(strictus)라는 것을 발견했다. 프랑스 고어로는 편협함, 긴장감이라는 의미를 지닌 *에스트레쎄*(est-resse)라는 단어이다. 영어로 스트레스의 의미를 분명히 정의하는 것은 복잡하다. 왜냐하면 그 단어는 상이한 많은 의미를 가지고 있기 때문이다. 그러나 물리와 기계학 분야에서는 이 단어가 외부 압력을 일으키고 또한 그 압력의 균형을 이루는 내부의 힘을 일으키는 세력을 지칭하는 말로 사용된다.

예를 들면, 물리학의 용법에서 스트레스는 재료를 잡아당기는 무게를 측정하는 전문적인 용어이다. 반면에 기계학에서 스트레스는 부과된 무게에 저항하기 위한 금속의 내적인 힘을 지칭할 때 사용된다. 그리고 금속에 있는 스트레스 용량은 *한계점*(yield-point) 혹은 *실패점*(failure-point)이라 불리는 것에 의해 측정된다. 한계점은 실제로 스트레스가 금속을 더 강하게 만드는 점이고, 실패점은 재료가 견디어 낼 수 있는 용량을 초과하여 긴장을 준 시점을 가리킨다. 나는 이와 같은 개념이 사람에게도 동일하게 적용될 수 있다고 믿는다. 외부의 스트레스는 우리가 내적으로 싸워 나가는 조직을 강화시킬 수 있다. 그러나 극도의 스트레스는 우리에게 실패나 파괴를 가져다 줄 것이다 (Ogilvie, pp. 25-26).

묵상하고 기록하기

당신은 지금 스트레스를 받고 있다고 느끼는가? 그렇다면 지금 일어나고 있는 일과 느끼고 있는 것에 대해 기술하라.

지난 3개월 동안 어떠한 시간에 가장 많은 스트레스를 느꼈는가? 여기에 그 경험의 감정과 상황을 다시 떠올리기에 충분하게 기록하라.

내일 우리는 스트레스의 일반적인 원인을 살펴볼 것이다. 그리고 그것들이 방금 당신이 기록한 스트레스와 연결되는지 아닌지를 살펴볼 것이다. 이제 주님이 우리를 사자굴에서 건지실 수 있다는 것을 기억하라. 바울의 말씀을 묵상하라: "우리가 사방으로 우겨 쌈을 당하여도 싸이지 아니하며, 답답한 일을 당하여도 낙심하지 아니하며" (고후 4:8).

하루 동안

스트레스는 우리가 가진 어떤 문제만큼 몸과 영혼 사이의 관계를 설명해 준다. 당신의 가슴이 답답할 때, 위에 어떠한 곤란을 느낄 때, 혹은 어떤 일을 처리하다가 얼굴이 붉게 달아올랐을 때, 깊게 숨을 쉬고 긴장을 풀고 침착하라고 말하라. 빨리 행동하지 말라; 어떠한 일도 이 시간에 할 수 없으니 느긋하게 생각하라. 당신의 몸이 성령의 전임을 마음에 떠올리며, 조용히 자신에게 말하라. 성령은 내재하시는 그리스도이시다. 내재하시는 그리스도께서 당신에게 평안하라고 말씀하시는 것을 들으라. "평안을 너희에게 끼치노니, 곧 나의 평안을 너희에게 주노라."

둘째 날   스트레스의 일반적인 원인들

스트레스를 극복해 나가는 출발점은 스트레스를 인식하는 것이다. 스트레스를 인식하는 한 과정은 그것을 유발하는 일반적인 원인을 마음 속에 새겨 두는 것이다. 스트레스의 일반적인 원인들 몇 가지를 살펴보자. 무엇보다도 변화나 위기는 스트레스를 유발한다.

몇 년 전 홈스(T. H. Holmes)와 라에(R. H. Rahe)는 사회 재정립 평가 저울(Social Readjustment Rating Scale)이라 불리는 것을 개발했다 (Holmes, pp. 214-18). 이 연구는 심각한 스트레스

나 압박을 유발시키는 삶의 여러 가지 당혹스러운 경험들을 평가했다. 그리고 이런 삶의 여러 가지 당혹스러운 경험들은 스트레스의 지수로 주어졌는데, 사람이 경험한 스트레스의 단위가 크면 클수록 병에 걸릴 위험이 더 크다는 것이 밝혀졌기 때문이다. 예를 들면, 특정한 해에 200에서 299라는 스트레스 단위를 가지고 있다면, 다음 해 안에 어떠한 병으로 고통받을 가능성은 50퍼센트이다. 만약 스트레스의 단위가 300 혹은 더 많다면 발병의 가능성은 79퍼센트로 올라간다. 스트레스를 유발하는 상황과 그것에 상응하는 점수는 다음과 같다:

1. 배우자의 죽음 - 100 (스트레스 단위)
2. 이혼 - 73
3. 부부의 별거 - 65
4. 감옥이나 다른 장소에서의 구류 - 63
5. 가까운 가족의 죽음 - 63
6. 자신의 큰 부상이나 질병 - 53
7. 결혼 - 50
8. 직장에서 해고 - 47
9. 부부간의 화해 - 45
10. 직장에서 은퇴 - 45

이 외에도 건강이나 가족 구성원들의 행동의 주된 변화, 재정적 상태의 주된 변화, 가까운 친구의 죽음, 일하는 시간이나 환경의 치명적인 변화, 거주지의 변화 혹은 학교의 변화 등 그 목록이 이어졌다.

이런 모든 것들은 우리의 저항력을 약화시키고 주요한 육체적 혹은 정신적 질병에 희생되게 하는 일종의 스트레스를 발생시키는 중요한 역할을 한다. 스트레스가 다른 질병을 모두 합한 것보다 더 쉽게 우리를 죽일 수 있다고 말하는 사람들도 있다. 그러므로 우리는 *변화*와 *위기*가 스트레스를 가져온다는 것을 기억할 필요가 있다.

그러나 우리가 꼭 알아야 할 스트레스의 다른 원인들이 있다. 어떤 일을 *해야 한다*는 압박에서 오는 스트레스가 그것이다. 이것은 아주 초기에 시작되는 스트레스이다. 우리는 아이들에게 반에서 최고가 되도록, 학교에서 인기가 있도록, 명문 대학을 가도록, 그들 자신의 의지대로가 아니라 우리의 선택대로 직장을 선택하거나 그들에게 있는 특기를 발견하게 하는 등 운동 경기뿐 아니라 공부하는 것에 압박을 가한다. 이것은 초기에 시작되는 스트레스이지만 일생 동안 계속된다. 직장에서도 어떤 일을 해야 한다는 압박감이 있다. 사회적 관계에 있어서도 우리는 우리에게 주어진 모든 기대감이 있다. 어떠한 일을 해야 한다는 이 압박은 우리 안에서 스트레스를 만들어 낸다.

다음으로, *우리의 요구가 거절된 데서 오는 압박*이 있다. 그것은 진정 분노의 원인이 된다. 즉, 우리가 무엇인가를 원하거나 혹은 무엇인가를 기대하지만 그것을 얻지 못했을 때 화가 난다. 화는 스트레스의 가장 큰 원인 중 하나이며, 아마도 스트레스를 가장 잘 표현하고 있는 말일 것이다.

스트레스의 또 다른 원인은 *우리의 감정을 부인하는 데* 있다.

우리들 가운데 많은 사람들은 걸어다니는 시한 폭탄이다. 우리는 억제하고 있는 깊은 감정을 가지고 있다. 이런 감정의 일부는 긍정적이지만, 일부는 부정적이다. 그 감정들이 긍정적이든 부정적이든, 스트레스를 유발시키는 그 감정을 억누름으로 우리의 감정을 부인한다는 사실은 중요하지 않다. 중요한 것은 비록 우리가 종종 이 스트레스를 의식하지 않는다 할지라도 그것이 우리의 삶을 황폐케 한다는 피할 수 없는 사실이다.

우리가 내적으로 느끼는 것들, 즉 가장 깊은 충동, 사랑, 욕망, 우리의 삶에 대한 갈망은 어느 정도 표현해야 한다. 만약 이런 감정들이 표현되지 않는다면 그것들은 폭발적인 스트레스를 만들어 내고, 결국에는 육체적이고 정신적인 질병으로 이어질 것이다.

그러므로 스트레스를 인식하고, 그 원인들을 알며, 당신의 삶에 스트레스를 가져오고 있는 것들을 계속 알아 가는 것은 스트레스를 극복하는 시발점이다.

묵상하고 기록하기

당신이 어제 기록했던 스트레스에 관한 내용으로 돌아가라. 그것은 위에서 언급한 스트레스의 열 가지 주된 원인들과 관련이 있는가?

*　　　*　　　*

당신이 다음의 영역에서 느꼈을 스트레스에 대해 서너 문장으로 기록하라:

어떤 일을 해야 하는 압박감

거절된 요구를 갖는 것

감정을 부인하는 것

이러한 스트레스의 모든 원인들은 그리스도의 주권 아래로 가져올 수 있다. 그 때 살아 계셔서 우리 안에 내주하시는 그리스도는 우리의 스트레스의 정도를 적절하게 조절하실 수 있다. 그리스도 안에 거하는 것은 그의 사랑과 용서하심을 받는 것이다. 또한 그리스도 안에 거하는 것은 우리 자신을 확신할 뿐 아니라 주님의 능력을 요청할 수 있도록 변화시키는 능력으로 그분을 우리 안에 거하도록 초대하는 것을 의미한다.

우리는 스트레스를 가져오는 요인에 희생될 필요가 없고, 두려워하거나 염려하거나 불안한 삶을 살 필요가 없다. 우리 자신의 제한된 힘 너머에는 힘의 근원이 되는 분이 계시다. 그러므로 가장 효과적으로 스트레스를 제거하는 방법은 내주하고 계시는 그리스도의 존재를 깨닫는 것이다. 우리는 그리스도인이기에, 그리스도는 우리 안에 살아 계신다. 바로 그러한 존재가 그리스도인이다.

다음을 생각해 보라. 내주하시는 그리스도를 인식하였다면 당신이 위에 기록한 스트레스의 목록 가운데 어떠한 것이 감소되었는가?

*　　*　　*

하루 동안

그리스도인으로서 우리의 존재를 언급해 주는 성경 구절이 여기에 있다.

그러므로 우리가 이제부터는 아무 사람도 육체대로 알지 아니하노라. 비록 우리가 그리스도도 육체대로 알았으나, 이제부터는 이같이 알지 아니하노라. 그런즉 누구든지 그리스도 안에 있으면 새로운 피조물이라. 이전 것은 지나갔으니, 보라 새 것이 되었도다.
고린도후서 **5:16-17**

17절을 암송하라: "그런즉 누구든지 그리스도 안에 있으면 새로운 피조물이라. 이전 것은 지나갔으니, 보라 새 것이 되었도다." 오늘 그리고 앞으로 당신 자신에게 종종 그 구절을 반복하라.

셋째 날   한계를 인정하라

스트레스를 극복하기 위한 두 번째 제안은 한계를 인정하는 것이다. 내가 이미 언급한 것처럼, 스트레스는 우리의 내적인 삶과 외적인 삶의 갈등에 의해 일어나며, 우리 마음이 이끄는 대로 더 이상 반응할 수 없을 정도로 피곤해진 육체 때문에 일어난다. 그것은 또한 우리가 해야 한다고 느꼈던 것을 하지 않았을 때 오는 죄책감과 관계가 있으며, 또는 우리가 기대하는 방식이나 우리가 기대한 만큼 일이 되지 않을 수 있다는 두려움과도 관계가 있다.

만약 우리가 우리 자신의 상황을 평가하고 초기에 한계를 인정한다면 스트레스는 미연에 방지할 수 있다. 우리는 초능력자가 아니다.

다음의 예가 그것을 충분히 입증할 것이다. 지난 이른 봄, 나는 많은 일로 거의 탈진될 상황이었다. 스트레스가 심해지고 있었다. 달력에 적혀 있는 앞으로의 계획들은 나를 질리게 만들었다.

적어도 1년 전에, 나는 도전되고 흥분되었던 어떤 초청에 응했다. 그것은 다양한 계층의 목회자들이 모여 영적인 각성을 하는 자리에서 그들에게 지도력을 강의하는 것이었고, 미국 내 목회자와 평신도 지도자들에게 지도력을 강의하는 것이었다. 나는 미국에 있는 감리교 교회가 걱정되었는데, 나는 내가 교회의 갱신을 위해 어느 정도의 시간과 힘을 쏟아야 한다고 생각한다.

나는 너무 많은 설교 초청에 응하지 않았다. 나는 우리 교인들과 너무 오랫동안 떨어져 있는 계획은 하지 않았다. 조금 덜 바쁜 여름철이 다가오고 있었다. 그러므로 내가 달력에 그러한 초청에 대한 일정을 기록해 놓았을 때, 그 일정은 나에게 벅찬 것이 아니었다. 그러나 이전에 내가 계산하지 못했던 다른 일들이 쌓이기 시작했다. 그것들 모두가 부정적인 것은 아니었다. 아내 제리의 부모님의 50회 결혼 기념일의 축제와 나의 부모님의 60회 기념일 축제가 둘 다 앞에 놓여 있었다. 몇몇 다른 개인적이고 가족적인 일들에 힘써야 했다. 어떠한 사람도 그 모든 일정을 처리하기에는 너무나 벅찬 것처럼 보였다.

이전에는 결코 이렇게 신중하게 일한 적이 없지만, 가능한 한 멀리 앞쪽을 내다보았고, 꼭 해야 할 제한이 없는 일들 중 내가 취소할 수 있는 일들을 살펴본 후, 두 가지 큰 행사를 취소하였다.

이 책을 읽는 몇몇 사람들은 표면 위로 떠오른 나의 부담감을 상상할 수 있을 것이다. 그것은 마치 검은 구름이 부분적으로 가리운 상태에서 태양이 비추는 것과 같은 것이었다. 그것은 아주 간단한 것이었지만, 내가 결론을 내리기에는 너무 어려웠다. 나는 완벽주의자이자 일 중독자이다. 나는 사람들이 의기소침하지

않도록 예민하게 신경을 쓰는 사람이다. 그러므로 내가 전화를
걸어서 이미 해 놓은 약속을 취소하는 것은 쉬운 일이 아니었다.
그것은 아주 어려운 일이었다. 그러나 내가 그렇게 하였을 때, 그
것은 마치 더운 날에 무거운 외투를 벗는 것과 같았고, 신선한
공기가 시원하게 불기 시작한 것과 같았다. 그것은 마치 내부에
있는 긴장이 없어지는 것처럼, 내 육체에 있는 긴장이 사라지는
것과 같았다.

내가 이전에 지적으로 주장했던 이론이 내 자신의 것이 되었
고, 내면화된 것은 그 때였다. 그 내면화된 내용은 이것이다: 모
든 요구에 다 응해야 하는 것은 아니다. 우리가 알고 있는 모든 요
구 사항에 부응할 수 있는 방법은 없다. 우리에게 직면한 모든
요구 사항이 우리의 삶에 대한 하나님의 부르심은 아니다. 스트
레스를 다루기 위해서 우리는 *한계*를 인정해야 한다.

빌립보에 보내는 바울의 편지에는 다음과 같은 멋진 구절이 있
다: "어떠한 형편에든지 내가 자족하기를 배웠노니" (빌 4:11).
두 구절 다음에는, 우리가 종종 사용하며 훨씬 더 극적으로 확신
하는 구절이 있다. "내게 능력 주시는 자 안에서 내가 모든 것을
할 수 있느니라" (4:13).

우리는 보통 이 두 유명한 구절 사이에 있는 구절을 잊어버린
다. "내가 비천에 처할 줄도 알고, 풍부에 처할 줄도 알아 모든
일에 배부르며, 배고픔과 풍부와 궁핍에도 일체의 비결을 배웠노
라" (빌 4:12).

바울은 한계를 기꺼이 인정했기 때문에 위대한 인물이 되었다.
예수님조차도 자신을 하나님 안에서 충만하게 집중시키기 위하

여 그의 사역의 압박에서 벗어나 홀로 있는 시간을 가져야 했다. 만약 우리가 스트레스를 극복해 나가려면 우리도 그렇게 해야 한다.

묵상하기와 기록하기

과거 몇 달 동안 당신에게 어려웠던 일의 형태를 보라. 거기에 스트레스를 일으킬 수 있는 지수가 있었는가? 당신이 가지고 있는 한계를 기꺼이 인정하며 이러한 것들을 피할 수 있었는가? 몇 분 동안 이것에 대해서 생각해 보라.

*　　*　　*

알빈 토플러(Alvin Toffler)는 그의 책 『미래의 충격』(Future Shock)에서, 우리 인간들은 변화하는 적응력이 높지만 무한히 적응할 수는 없다고 설명했다. 우리가 어제 고찰해 보았던, 갑작스럽고 극적인 변화를 포함한 우리 삶의 변화의 기간에 우리는 토플러가 "안정지대"라 부른 것이 매우 필요하다. 우리가 한계를 인정하기 위해 거절할 것들을 거절함으로 지나친 부담을 주지 않는 "안정 지대"를 갖는 것은 우리의 정신적, 육체적 그리고 영적 안정을 유지하는 데 필수적이다.

우리의 가정과 친구의 모임은 "안정 지대"의 가장 좋은 예이다. 배우자를 잃어버린 사람은 사랑했던 사람이 죽은 이후 속히 거주지를 옮김으로 큰 위험을 맞는다. 대부분의 상담가들은 특별한 상황을 제외하고 홀로 남은 배우자가 적어도 일 년이 지날 때까지는 이사하지 말아야 한다고 주장한다. 우리의 가정과 근처에 있는 친구들은 우리가 상실감을 정리하고 우리의 새로운 삶의 길에 정착할 때 안정 지대를 제공한다.

우리의 뜻에 반하여 직장을 잃고 일을 찾기 위해 다른 도시로 이사하는 것이 우리의 외적인 상처가 되는 이유 중 하나는 우리가 동시에 두 "안정 지대"를 포기하는 것이기 때문이다. 만일 우리가 혼자 힘으로 새로운 직업을 갖는다면, 우리는 이사하기 위해 신중히 선택하며 우리의 "안정 지대"가 되는 가족이나 다른 사람들의 인맥을 의지한다. 새로운 직업으로부터 우리가 얻는 만족감은 이전의 "안정 지대"에서 상실한 것을 만회할 수 있도록 돕는다.

우리는 "안정 지대"를 보유하고 계획하고 일구어 나가기 위해 우리의 한계를 인정할 필요가 있다. 당신은 "안정 지대"를 보호하며 발전시켜 나가고 있는지 몇 분 동안 묵상하라.

✳　　✳　　✳

하루 동안

당신의 한계와 "안정 지대"라는 관점에서 오늘 당신에게 일어난 모든 부르심을 살펴보라.

넷째 날 당신의 의지를 분명히 하라

스트레스를 극복해 나가기 위한 세 번째는 우리가 어제 이야기했던 한계를 인정하는 것과 거의 비슷하다. 그것은 *당신의 의지를 분명히 하라*는 것이다.

바울은 고린도후서에서 자신의 상황을 언급할 때, 자신이 사역과 고린도 교인들을 향한 관심에 집중되어 있는 것을 그들이 아는지 확인하기를 원했다. 그는 자신의 의지를 주장하는 것에 관해 논쟁하였다.

> 이렇게 경영할 때에 어찌 경홀히 하였으리요? 혹 경영하기를 육체를 좇아 경영하여 예 예 하고, 아니 아니라 하는 일이 내게 있었겠느냐? 하나님은 미쁘시니라. 우리가 너희에게 한 말은 예하고 아니라 함이 없노라. 우리 곧 나와 실루아노와 디모데로 말미암아 너희 가운데 전파된 하나님의 아들 예수 그리스도는 예 하고 아니라 함이 되지 아니하였으니, 저에게는 예만 되었느니라. 하나님의 약속은 얼마든지 그리스도 안에서 예가 되니, 그런즉 그로 말미암아 우리가 아멘 하여 하나님께 영광을 돌리게 되느니라. 우리를 너희와 함께 그리스도 안에서 견고케 하시고, 우리에게 기름을 부으신 이는 하나님이시니, 저가 또한 우리에게 인치시고 보증으로 성령을 우리 마음에 주셨느니라.
>
> 고린도후서 1:17-22

예수님은 맹세의 문맥에서 이와 비슷한 말씀을 하셨다. "오직 너희 말은 옳다 옳다 아니라 아니라 하라" (마 5:37).

당신의 의지를 강력히 주장하는 것은 경쟁이나 자아 투쟁을 말하는 것도 아니고, 우리 자신의 방법대로 하려는 우리 가운데 너무나 많은 사람들의 신경증적인 필요에 관한 것을 말하고 있는 것도 아니다. 나는 하나님의 뜻과 나의 뜻을 동등시하는 일종의 태도에 대해 말하는 것이 아니다. (심판자의 위치와 평행선을 가는 거만한 위치: "그것은 내가 그것을 부를 때까지 스트라이크나 볼이 아닌 것과 같다.") 나는 우리의 삶을 통제하는 것에 대해 말하고 있다. 우리가 경험하는 아주 많은 스트레스는 통제하지 못하고, 결정하지 못하고, 기꺼이 행동하지 못하고, 우리의 행동을 책임지지 못하는 우리의 무능력 또는 기꺼이 하지 못하는 데서 온다.

다음의 한 실례가 그 점을 분명히 해 줄 것이다. 어느 남편과 아내가 가정의 압박에 의해 헤어졌다. 그 아내의 어머니는 가족 모두에게 영향력 있는 분이었다. 그녀의 도구는 사랑이었다. 이 것이 당신을 놀라게 하는가? 그녀는 가족 한 사람 한 사람을 위해서 이타적으로 자신을 준 것 같이 보였다. 그녀는 항상 주고 있었다. 그러나 항상 준다는 것은 여러 해 동안 인식되지 못한 아주 민감한 갈고리를 품고 있었다.

그녀의 사랑은 변절된 것이 사실이다. 그것은 이기적인 사랑이었다. 그녀는 다른 사람들을 자신의 주변에 두며, 또한 자신의 사람으로 만들기 위해 사랑을 베풀었던 것이다. 실제로, 그녀는 사랑을 베풀며 가족의 모든 구성원들을 자신의 영향권 아래에 두었던 것이다. 딸의 남편이 직장에서 승진하여 다른 도시로 전근을 요청받았을 때, 그의 장모는 문자 그대로 자제심을 잃었다. 가족은 그녀가 이기적으로 통제하는 것을 내버려 둘 수밖에 없었다. 혼란과 고민으로 몇 달이 지난 후 그 남편은 그 요청을 거절했다.

나는 그 남편이 그 후에 행복했는지 궁금하다. 그는 장모를 싫어한다. 또한 그는 아내가 자신을 지지하지 않는 것에 대해 원망한다. 그는 자신의 일에 권태감을 느끼고 있다. 그의 증오와 원망과 권태는 그를 기껏해야 부족한 아버지로 만들 뿐이다. 나는 남편이 걸어 다니는 시한 폭탄이라고 생각한다. 왜냐하면 그는 심장병의 증세가 있고, 벌써부터 술을 의지하고 있기 때문이다. 그러나 만약 남편이 자신의 의지를 확고히 주장하고 그의 삶을 통제했다면 그의 삶은 달라졌을 것이다.

우리가 사자굴의 상징에 관하여 말한 것을 기억해 보라. 우리의 능력을 초월한 어떠한 것을 다루고 있을 때, 우리의 감정을 부인하거나 우리가 원하는 것을 하지 못했을 때 우리는 사자굴 안에 있는 것이다.

우리가 통제하는 것은 종종 우리 자신의 의지의 문제이다. 스트레스의 주요 원인은 해결되지 않는 죄의식, 특별히 깨어진 관계에서 오는 죄의식에 있다. 우리는 그것에 대하여 무엇인가를 할 수 있다. 우리는 먼저 용서하는 관계를 만들어서 조절할 수 있다.

우리는 또한 직장에서나 대인 관계에 있어서, 일이 우리를 짓누르기보다는 우리가 그 일을 잘 처리하고, 우리의 한계를 인정하며 기꺼이 약점이 있는 사람임을 인정할 수 있다면, 어떠한 일을 해야 한다는 압박감으로부터 오는 스트레스를 경감시킬 수 있다. 우리는 위대한 사람이 아니며, 우리 자신도 우리를 위대한 사람으로 여기고 있지 않다는 것을 다른 사람들이 깨닫게 되었을 때, 그들이 우리를 자신들과 동일하게 생각하고 우리를 도와 줄 것이라는 것은 자명한 일이다.

묵상하고 기록하기

당신은 지금 당신의 능력을 초월한 어떠한 것을 다루고 있다고 생각하는가? 몇 문장으로 그것을 묘사하라.

당신이 위와 같은 상황에서, 그 상황을 통제하려는 것이 아니라 그 상황과 관련된 당신의 방법을 통제하기 위해 당신의 의지를 분명히 할 수 있는 어떠한 방법이 있는가?. 그것에 관하여 묵상해 보라. 당신의 의지를 어떻게 분명히 할 수 있는가?

＊　　＊　　＊

당신은 지금 깨어지거나 긴장된 관계에서 오는 스트레스를 경험하고 있는가? 당신은 당신의 의지를 분명히 할 수 있는가? 혹은 먼저 용서와 화해를 요청하므로 그것을 통제할 수 있는가?

＊　　＊　　＊

하루 동안

당신이 스트레스 쌓이는 일이나 관계로 접근할 때, 또는 스트레스가 쌓이는 환경이나 문제의 한 가운데 있을 때 그것을 통제하라. 잠시 일을 멈추고 당신의 의지를 분명히 하며, 내주하시는 그리스도를 깨닫기 위해 잠시 기다리라. 당신 주변을 비추는 빛처럼, 당신 몸의 모든 구석으로 흘러 들어가는 잠잠한 그리스도의 임재를 그려 보라. 당신은 빛에 쌓여 있다. 깊게 그러나 부드럽게 숨을 쉬어라. 그리고 근육을 풀고 당신의 모든 감정을 인식하라. 그리스도의 임재 안에서 그러한 감정들을 가지고 와서 그에게 내려 놓으라. 스트레스가 있는 상황이나 관계 안으로 다시 돌아갈 때, 그리스도가 당신 안에 계신다는 확신, 그리고 그분은 긴장과 스트레스를 계속해서 덜어 줄 것이며 평안을 줄 것이라는 확신 가운데 잠재적인 스트레스의 문제들을 처리하라.

다섯째 날　　하나님의 주되심을 인정하라

당신의 스트레스를 인지하라.
당신의 한계를 인정하라.
당신의 의지를 분명히 하라.

이것들은 우리가 스트레스를 극복해 나가기 위해 지금까지 고려하였던 세 가지 방향이다. 이제 네 번째는 *하나님이 하나님 되시게 하라*는 것이다.

이번 주 첫째 날에 나는 시편 16편을 소개했다. 이 시편에는 스트레스의 모습들과 그것을 극복하고 스트레스와 함께 사는 방법이 담겨져 있다.

하나님이여! 나를 보호하소서!
　　내가 주께 피하나이다.
　　내가 여호와께 아뢰되, 주는 나의 주시오니,
　　주 밖에는 나의 복이 없다 하였나이다.
땅에 있는 성도는 존귀한 자니,
　　나의 모든 즐거움이 저희에게 있도다.

다른 신에게 예물을 드리는 자는 괴로움이 더할 것이라.
　　나는 저희가 드리는 피의 전제를 드리지 아니하며
　　내 입술로 그 이름도 부르지 아니하리로다.
여호와는 나의 산업과 나의 잔의 소득이시니,
　　나의 분깃을 지키시나이다.
내게 줄로 재어 준 구역은 아름다운 곳에 있음이여,
　　나의 기업이 실로 아름답도다.

나를 훈계하신 여호와를 송축할지라.
　　밤마다 내 심장이 나를 교훈하도다.
내가 여호와를 항상 내 앞에 모심이여,
　　그가 내 우편에 계시므로 내가 요동치 아니하리로다.

이러므로 내 마음이 기쁘고, 내 영광도 즐거워하며,
　　내 육체도 안전히 거하리니,
이는 내 영혼을 음부에 버리지 아니하시며,
　　주의 거룩한 자로 썩지 않게 하실 것임이니이다.
주께서 생명의 길로 내게 보이시리니,
　　주의 앞에는 기쁨이 충만하고,
　　주의 우편에는 영원한 즐거움이 있나이다.

-시편 16편

"하나님이여, 나를 보호하소서." 그 시편 기자는 절망적인 상황에 있다. 그의 삶이 어떠하든지 지금 그는 초월적인 도움이 필요하다. "내가 주께 피하나이다."

우리는 스트레스에 관한 특이한 것 중 하나가 영혼과 몸이 밀접한 관계라는 것을 이미 배웠다. 그런데 시편 기자는 몸과 영혼의 구원은 주님으로부터 받았다고 확신한다. "이러므로 내 마음이 기쁘고, 내 영광도 즐거워하며, 내 육체도 안전히 거하리니"(9절). 스트레스는 우리의 내적인 삶과 외적인 삶 사이의 갈등, 그리고 우리 마음이 이끄는 대로 더 이상 반응할 수 없을 정도로 육체가 피곤할 때 온다. 또한 스트레스는 두려움을 낳는 죄의식으로부터 온다. 이 두려움으로부터의 구원은 시편 기자가 10절에서 표현하였다: "이는 내 영혼을 음부에 버리지 아니하시며."

7절에는 놀라운 모습이 있다: "나를 훈계하신 여호와를 송축할지라. 밤마다 내 심장이 나를 교훈하도다." 이것은 *주님 안에서* *안식*하는 모습이다. 육체적이고 정신적이며 감정적이고 영적인 힘은 평범한 삶에서 요구되는 것보다 기하학적인 비율로 커져가고 있는 스트레스의 상황에서 더 요구된다. 그리스도인에게는 모든 사람에게 기본적인 육체적 쉼을 훨씬 초월하는 쉼이 있다. 그것은 *주님 안에서* *안식*하는 것이다: "밤마다 내 심장이 나를 교훈하도다." 그것은 우리의 마음과 몸을 새롭게 하는 내주하시는 그리스도의 사랑, "마음의 능력"에 대한 모습이다.

우리의 삶에는 한계가 있다. 우리는 우리 자신의 힘으로 삶을 살아갈 수 없다. 우리가 가지고 있는 자원은 결코 적절하지 않다. 그러나 우리가 하나님의 주 되심을 인정할 때, 우리 자신을 하나님과 연결할 때, 주님이 우리의 모든 것이 되실 때, 하나님이 우리의 운명을 붙드실 때, 하나님은 우리를 권고하실 것이고, 우리가 사자굴 안에서 밤을 보낼 때 우리를 가르치실 것이다.

스트레스와 함께 살아가는 데 필요한 치료, 회복, 힘의 원천을 제공하며, 우리 자신을 하나님께 열 수 있는 기도의 한 형식이 있다. 그것은 *집중기도*라 불리며, 스트레스 속에서 잠을 청할 때 특별히 의미가 있을 수 있다. 그러나 그러한 기도가 항상 쉼을 줄 수 있는 것은 아니다. 플로라 월너(Flora Wuellner)는 다음과 같은 집중기도를 잘 묘사하였다.

나는 개인적으로 빛의 형상을 사용한다. 그러나 어떤 사람들은 물, 바람, 색깔, 치료하는 손, 날개 등의 상징들을 더 좋아한다. 이 기도에서 우리는 특별한 것을 구하지 않는다. 우리는 단지 휴식하고, 삶이 진행되게 하며, 숨을 쉬고, 우리를 둘러싸고 있는 하나님의 치유하는 빛에 젖어든다. 아마도 특별한 것을 느끼지 못할 수도 있다. 그렇지만 그것은 우리 몸의 모든 세포와 기관을 깨끗하게 하고, 채우며, 하나님의 사랑이라는 치유하는 빛 안에서 회복하는 심오한 육체적인 기도의 형식이다. 어떤 사람들은 따뜻함이나 진동, 그리고 따끔하게 아픈 감정을 느낀다. 다른 사람들은 이런 육체적인 반응을 느끼지 못한다. 그러나 그 빛의 활동은 우리가 그것을 즉각적으로 느끼든지 느끼지 못하든지 실제이다. 우리는 태양의 자외선을 느낄 수 없다. 그러나 그것은 우리가 낮에 밖에 나갈 때에는 언제든지 우리 몸에 침투하여 영향을 준다. 이와 비슷하게, 우리가 신중하게 우리 자신을 치유하시는 하나님의 임재 앞에 내려놓을 때, 깊은 하나님의 사랑의 행위가 우리 삶의 모든 부분으로 흘러 들어간다. 이 기도에서 우리는 하나님의 사랑 안에서 안식하고, 그것을 호흡하며, 그 사랑이 우리를 새롭게 변화시킬 수 있게 한다. 만약 생각이 혼란하더라도 걱정하지 말라. 태양 아래서 아이들이 노는 것처럼, 하나님의 사랑 안에서 그 생각들을 떠올리라 (Wuellner, p. 21).

놀랍게도 이러한 방식대로 하며 잠을 잘 때, 비록 우리가 잠자기 전에 기도를 끝내지 못한다고 할지라도, 하나님은 우리를 보살피시며, "우리를 권고하신다." 그리고 밤에 우리가 잠을 자는 동안 우리 마음이 우리를 가르친다. 이렇게 기도할 때 우리의 마음이 하나님의 마음과 일치하고 조화를 이루기 때문이다.

묵상하고 기록하기

이제 집중기도를 실습하는 시간을 가지라. 그리고 다시 시편 16편을 읽어라. 이제 쉴 수 있는 위치에 눕거나 앉아라. 그리고 "(하나님의) 영원하신 팔이 네 아래 있기"(신 33:27)에 그분께 감사하라. 이 시간 성령 안에서 기도하라. 부드럽고 천천히 숨을 쉬고, 당신의 손을 긴장을 풀 수 있게 열린 상태로 놓아 두라. 당신 몸의 주변에 생기는 빛의 연기를 상상하라. 그러나 육체적인 눈으로 이 빛을 보려하지 말라. 그렇게 하는 사람들은 거의 없다. 당신은 내적으로 상상하면서, 항상 당신에게 제공된 하나님의 치유하는 빛을 요청하고 있는 것이다. 아마도 당신은 강하고 격렬한 빛 혹은 부드럽게 빛나는 빛을 상상할 것이다. 아마 그 빛은 쉼을 주거나 힘을 주는 색채를 가지고 있을 것이다.

쉬면서 둘러 쌓인 빛 안에서 숨을 돌리라. 그 빛이 당신의 머리

꼭대기로부터 긴장된 얼굴 근육을 천천히 흐르는 그림을 그려 보라. 긴장된 얼굴 근육을 풀고, 특별히 눈과 턱의 근육을 풀라. 이제 그 빛의 강물이 고요히 긴장을 풀고 모든 것을 자유롭게 하면서 당신의 온 몸을 흐르고 있는 그림을 그려 보라.

마치 하나님이 모든 살아 있는 존재에 새 생명을 불어넣는 생명의 호흡을 하는 것처럼 서두르지 말고 가벼운 호흡을 생각해 보라. 만약 당신이 원하면 시편으로 되돌아가 도움을 구할 수 있다. "대저 생명의 원천이 주께 있사오니, 주의 광명 중에 우리가 광명을 보리이다" (시 36:9).

"만약 빛의 형상이 당신에게 적절하지 않다면, 당신 몸 주변을 흐르는 하나님의 치유하시는 물, 혹은 당신에게 불어오는 바람을 생각하라. 이것들 역시 성경적인 상징들이다" (Wuellner, p. 22).

하루 동안

시편 16편 8절은 "내가 여호와를 항상 내 앞에 모심이여, 그가 내 우편에 계시므로 내가 요동치 아니하리로다"라고 말한다. 오늘 의식적으로 그렇게 하도록 노력하라. 집중기도를 하는 한 부분에서 그것을 연습하라. 역시 간단하게 하라. 그렇게 하면서 당신 자신을 그리스도의 임재 가운데 신중하게 두라. 가능하면 다른 관심을 갖거나 다른 생각을 하지 말고, 마음을 비우고 그리스도에게로 다가서라. 도움이 될 수 있는 상징적인 한 가지 행동은 눈을 감은 채로 어두운 방 안에 있는 당신 자신을 그려보는 것이다. 당신이 처한 환경이 보이지 않도록 눈을 감고 있으라. 당신의 손을 빛의 강약을 조절하는 스위치 위에 두고, 방 전체가 밝아질 때까지 점차적으로 빛을 강하게 하는 상상을 해 보라. 당신을 감싸고 있는 그리스도의 빛을 경험하라. 그러나 시간을 짧게 하라. 당신은 지금 "항상 내 앞에 계신 주님"을 연습하고 있는 중이다.

여섯째 날 또 다른 하나님을 선택하는 것

어제 이야기로 돌아가 시편 16편을 읽어라.

＊　　＊　　＊

4절에 초점을 맞추어 시작하자: "다른 신에게 예물을 드리는 자는 괴로움이 더할 것이라." 지금 우리는 스트레스를 극복해 나가기 위한 네 번째 제안인 '하나님이 하나님 되시게 하라'는 것에 초점을 맞추고 있다.

스트레스가 우리 삶을 통제하도록 내버려 둘 때, 우리는 또 다른 하나님을 선택하는 것이다. 나는 당신이 온전히 주목하도록 독단적으로 그것을 표현한 것이다. 우리는 스트레스의 희생이 될 필요가 없다. 하나님은 우리를 구원하시기로 약속하셨다.

여기에 하나님이 하나님 되심을 인정한 하반신 장애를 가진 어린 소녀의 극적인 이야기가 있다. 아버지인 로버트 고어(Robert J. Gore)가 딸의 이야기를 소개하고 있다.

나의 아내와 내가 아니라, 하나님이 그 메모를 보게 되어 있었다. 커비(Kirby)는 자신의 성경의 여백에 간단한 메모를 풀로 붙였다. 그녀의 여동생 하나가, 10대들이 보통 그러듯이, 기웃거리며 다니다가 그 메모를 발견했다. 그녀의 여동생은 깔끔하게 정리된 언니의 생각을 부모가 읽어보는 것이 중요할 것 같다고 말하며, 밝은 노란색 편지지를 가져왔다.

우리가 서서 그것을 읽고 있었을 때, 집 밖에 어디선가로부터 커비의 웃음 소리가 들려왔다. 커비는 웃을 때 크게 웃으며, 그것은 그녀의 진정한 웃음을 의미한다.

그 메모는 다음과 같이 적혀 있다:

"사랑하는 하나님, 나를 강하게 하고, 내 몸을 치료할 수 있는 믿음을 주세요. 제가 주변에 있는 사람들에게 더 좋은 사람이 되게 해 주세요. 사랑하는 주님, 저를 붙잡아 주세요. 사랑합니다. 커비로부터."

커비로 하여금 휠체어 신세를 질 수밖에 없도록 만든 사고에 부모가 미리 대비할 수는 없었다. 다음과 같은 전화를 받는다면 당신의 마음은 무너질 것이다.

"즉시 응급실로 오십시오. 당신 가족 중 한 사람이 심각한 사고를 당했습니다. 유감스럽지만 우리는 이 시점에서 그녀의 상태에 대해 어떤 말도 할 수 없습니다."

열여섯 살에 큰 키, 그리고 예쁘며, 모델 학교를 졸업한 지 2주가 된 커비는 오토바이 뒷 자석에 타고 있었다. 오토바이가 차와 충돌하였을 때, 그녀는 낮은 벽돌 옹벽에 내동댕이쳐졌다. 그리고 그녀 등에 있는 요추 부분이 부러졌다. 그녀는 허리 아래 부분을 움직일 수도 없었고, 어떤 감각도 느낄 수 없었다.

비록 그녀는 지금 어떤 것도 기억할 수 없지만, 커비는 사고 현장에서 또는 7일 동안 중환자실에서 집중적인 돌봄 속에서 결코 의식을 잃지 않았다.

그녀는 세 병원에서 105일 동안 놀라고 무서운 경험을 했다. 커비는 다시 걷는 법을 배우기 위해 열심을 내고 있다. 의사는 목발의 도움으로 짧은 거리는 걸을 수 있을 것이라고 말했다. 그녀는 일어서고, 비틀거리며, 기어가는 것을 배웠다.

바닥에서 휠체어까지 애쓰며 올라와서 웃는 그녀의 웃음은 그녀의 다리가 마비되었다는 것을 잊어버리기에 충분할 정도로 밝게 웃는다, 거의….

(Gore, 1981년 7월 7일)

이 이야기가 실린 기사의 머리글에는 다음과 같은 확신의 문장이 실려 있었다. "결국 주님은 커비를 붙들고 계신다."

커비는 우리에게 하나님이 하나님 되심을 인정하는 것에 대해 가르쳐 준다. 만약 우리가 시편 기자와 같이, "내가 여호와를 항상 내 앞에 모심이여, 그가 내 우편에 계시므로 내가 요동치 아니하리로다"라고 고백할 수 있다면 사자굴 안에서도 살 수 있다.

이제 내가 독단적으로 진술한 곳으로 돌아가보자. 스트레스가 우리 삶을 통제하도록 내버려 둘 때, 우리는 또 다른 하나님을 선택하는 것이며, 우리의 "슬픔은 더하게 된다." 성경은 우리가 활용할 수 있는 치유와 회복, 그리고 하나님이 주시는 원기를 왕성하게 하는 힘에 대한 약속으로 가득 차 있다. 정확하게 말하면, 이것은 우리의 삶 속에 계시는 성령님의 사역이다. 그리고 성령은 내주하는 그리스도이시다. 요한복음에서 예수님은 자신의 죽음에 대해 제자들에게 이야기하시며, 그것이 그들에게 이익이 된다고 하셨다. "내가 떠나가노니, 내가 떠나가지 아니하면 보혜사가 너희에게로 오시지 아니할 것이요" (요 16:7).

육신으로 예수님은 항상 우리 모두와 함께 계실 수 없다. 부활

하시고 승천하신 주님은 성령이라는 영적인 존재로 우리와 함께 하실 수 있다. 용서, 치유, 회복, 활력은 그리스도가 우리에게 주시는 가장 큰 사랑이고 분에 넘치는 공급이다. 그러므로 그분의 임재를 부인하는 것은 일종의 무신론을 연습하는 것이며, 또 다른 하나님을 선택하는 것--우리 자신을 산으로 선택하는 것, 우리 자신의 자원과 힘을 선택하는 것--이므로, *우리의 슬픔이 더하게 된다.*

묵상하고 기록하기

지난 해에 당신이 경험하였던 가장 어려웠던 두세 가지의 상황을 마음 속에서 떠올리라. 그 경험들을 분명히 하는 데 도움이 될 수 있는 몇 가지 사항을 기록하라.

당신이 떠올린 각각의 상황에 관하여 지금 다음과 같은 질문을 던져 보라: 나는 그 상황에서 그리스도의 임재 그리고 그의 인도하심과 능력을 구했는가? 그렇지 않으면 단순히 나 자신의 힘으로 그럭저럭 헤쳐 나갔는가? 나는 그리스도인의 상담과 안내를 구했는가?

✳   ✳   ✳

만일 당신이 그리스도의 임재를 구했다면, 시편 기자가 다음과 같이 확신한 것과 비슷한 고백을 할 수 있는가? "이러므로 내 마음이 기쁘고, 내 영광도 즐거워하며, 내 육체도 안전히 거하리니" (시 16:9).

*　　*　　*

만일 당신이 그리스도의 임재를 구하지 않았다면, 당신의 상황에 적용되는 다음과 같은 시편 기자의 진리를 돌아볼 수 있는가? "다른 신에게 예물을 드리는 자는 괴로움이 더할 것이라" (시 16:4).

*　　*　　*

하루 동안

어제 지시한 것을 실습했는가? 오늘 그 지시한 것들을 다시 읽어 보라.

일곱째 날　　살기 위해 받고, 주기 위해 받아라

저녁 먹는 중 예수는 아버지께서 모든 것을 자기 손에 맡기신 것

과 또 자기가 하나님께로부터 오셨다가 하나님께로 돌아갈 것을 아시고, 저녁 잡수시던 자리에서 일어나 겉옷을 벗고, 수건을 가져다가 허리에 두르시고, 이에 대야에 물을 담아 제자들의 발을 씻기시고, 그 두르신 수건으로 씻기기를 시작하여, 시몬 베드로에게 이르시니, 가로되 주께서 내 발을 씻기시나이까? 예수께서 대답하여 가라사대, 나의 하는 것을 네가 이제는 알지 못하나 이후에는 알리라. 베드로가 가로되 내 발을 절대로 씻기지 못하시리이다. 예수께서 대답하시되 내가 너를 씻기지 아니하면 네가 나와 상관이 없느니라. 시몬 베드로가 가로되 주여, 내 발뿐 아니라 손과 머리도 씻겨 주옵소서.

요한복음 13:3-9

당신이 예수님이 계신 방 안에 제자들과 함께 있다고 생각해 보라. 충격적인 일인가? 발을 씻기 위해 무릎을 꿇어야 할 사람은 예수님이 아니라 바로 우리이다.

약 3개월 전, 나의 아내 제리가 베드로의 발을 씻기시는 예수님을 그렸다. 그녀는 베드로가 예수님의 사랑의 행위로부터 물러섰다가, 예수님이 "내가 너를 씻기지 아니하면 네가 나와 상관이 없느니라"고 위엄 있게 도전하시며 말씀하시는 결정적인 순간을 그리려고 노력하였다. 나는 그 그림이 완성된 이후 거의 매일 그 그림을 보아왔으며, 제리가 감각적으로 포착하려고 노력했던 그 진리가 나에게도 느껴지고 있다. *예수님이 나를 섬기시도록 내가 허용해 드릴 때에만 나는 예수님과 연합된다.* 이것은 제리가 전달하려고 애썼던 결정적인 순간이자 심오한 진리이다: "내가 너를 씻기지 아니하면 네가 나와 상관이 없느니라."

예수께서 제자들에게 다른 사람들을 섬기기 위하여 "서로의 발을 씻기라"고 명하시기 전에, 사랑하는 마음으로 모든 제자들을 섬기셨다는 것을 당신 마음에 새겨 두었는가? 확실히 예수님은 그리스도인들이 해야 할 역할을 정의하시면서 먼저 섬기시는 일에 본을 보이셨다. 그러나 그분은 더 많은 일을 하고 계셨다. 예수님은 제자들이 다른 사람들을 사랑스럽게 만져 주고 치유해 줄 수 있도록 그들이 자유롭게 되고 능력을 부여해 줄 수 있는 양육의 손길과 치유의 손길을 제공하셨다.

당신이 지쳐 있을 때, 허리를 굽히는 것이 싫증났을 때, 스스로 도움이 필요할 때, 즉 사랑스런 만짐이 필요할 때 다른 사람들의 "발을 씻기려고" 노력하고 있는가?

당신은 내적으로 고통스럽고 에너지가 고갈되었기 때문에 억지로 다른 사람들에게 손을 뻗치는 것은 아닌가? 당신이 가지고 있는 힘으로 스트레스를 더 이상 버티지 못한다는 것을 알고 있지만 끈질기게 버티고 있지는 않는가?

인간 유린은 별 문제로 하고 스트레스는 미국에서 가장 비싼 부담액 하나가 되었다. 그 비용은 1년에 약 75억 불인데, 이 액수는 각 근로자에게 약 750불씩 돌아간다. 스트레스와 관련된 질병은 근로자들이 장기적으로 결근하게 하여 능률적으로 일하지 못하게 만드는 주된 요소이다.

그리스도인이 되는 것은 풍성한 삶에 관하여 그리스도로부터 메시지를 받을 수 있을 뿐만 아니라, 그렇게 살 수 있는 그리스도의 능력을 주장할 수 있다. 그 안에 있는 능력--우리 안에 사시는 그리스도.

오늘 우리는 죽음에 앞서 제자들과 함께 다락방에서 그들 각자 앞에 무릎을 꿇고 발을 씻기시는 예수님을 바라봄으로 시작했다.

요한복음 21장에는 똑같은 의미를 가진 이야기가 있다. 그 이야기는 예수님의 죽음과 부활 이후의 이야기이다. 예수님은 세상의 굶주린 양을 먹이라고 베드로에게 도전하시기 전에, 베드로의 그물을 고기로 채워 주셨다. 그리고 나서 이른 아침 해변에서 그는 요리하셨고 그들에게 아침 식사를 제공하셨다.

제자들이 먼저 자신을 돌보기 전까지는 다른 사람들의 발을 씻길 수 없다는 것을 예수님이 아셨던 것처럼, 그들이 위로를 받고, 주린 배가 채워지며, 힘을 얻고, 예수님의 현존과 생명의 양식이 항상 그들과 함께 있다는 사실을 확신하기까지, 그들은 굶주리고 상처난 세상을 돌보는 목자로 세상으로 파송될 수 없었다.

이것은 우리에게 힘든 일이다. 받는 것을 배우기란 어렵다. 우리는 주면서 끝내기를 좋아한다. 우리는 통제하는 것을 좋아한다. 그러나 우리는 필요와 한계와 상처가 있는 상처입기 쉬운 사람이라는 것을 인정하는 것은 쉽지 않다. 그것을 다른 사람에게 인정시키는 것이 어렵고, 하나님께도 마찬가지이다. 아마도 그것이 우리 자신에게 인정시키는 것이 가장 어려울 것이다 (Wuellner, p. 20).

스트레스를 극복해 나가는 가장 확실한 방법은 내주하시는 그리스도를 확실히 인식하고 계발시켜서, 그분이 우리 안에 생생하게 살아 계셔서 그의 힘으로 사시게 해 드리는 것이다.

다섯째 날에 나는 집중기도를 소개했다. "마음의 기도"라는 비슷한 기도의 형식이 있다. 어떤 사람들에게는 그런 기도는 그리스도가 그들에게 사역하시도록 해 드리는 데 효과적인 형태의 기도이다.

그것은 빵을 부풀게 한 누룩에 관한 예수님의 예화에 기초한 깊이 구체화된 기도의 형식이다 (마 13:33). 마치 침투 능력이 우리를 둘러싸고 있고, 우리를 통해 흐르는 빛을 직시하는 것과 마찬가지로, 이 기도는 내부로부터 확산되는 치유 능력을 직면하게 해 준다. 마음은 우리 몸에 흐르는 핵심적인 에너지를 상징한다. 이것은 마치 마음이 하나님의 사랑의 중심을 상징하는 것과 마찬가지이다. 이 기도에서 우리는 우리 마음과 하나님의 마음 사이에 깊은 성육신의 연합이 이루어진 갱신을 위해서 우리의 육체적 필요와 감정적인 필요를 접하게 되는 것이다 (Wuellner, p. 21).

묵상하고 기록하기

이제 이 기도 형식을 연습하라.

손바닥을 아래로 하여 두 손을 당신의 심장 위에 놓으라 (당신의 심장은 흉골 아래에 있으며 가슴 중심부에 있다). 1-2분 동안 편안한 자세로 당신의 손을 심장 위에 두라. 그리고 나서 크게 혹은 속으로 조용하게 아주 천천히 다음의 각 구절 사이를 길게 쉬면서 말하라: "예수 그리스도의 살아 계신 마음은 내 마음을 채우면서...고요하게 하면서...회복시키면서 새 생명을 가져다 주면서 내 마음 안에 한 형태로 회복시키면서 나타나 있다...." (잠시 조용한 시간을 가지며, 당신의 마음에 빛나는 따뜻한 빛을 상상하라.) "그리고 나의 피 안에 있는 이 새 생명은 온 몸에 치유의 능력을 가득히 채우며 평화스럽게 흐른다." 이 시점에서 당신은 당신의 몸에서 특별한 도움이 필요해 보이는 부분에 부드럽게 두 손을 놓아도 새로운 생명의 물줄기가 그 곳을 흐른다고 상상해 보아도 좋다.

그것이 적절하다고 느껴질 때, 손을 펴고 손바닥을 위로 향하고 다음과 같이 말하라: "이 새 생명의 힘이 오늘 다른 사람들과의 나의 행동과 관계 속에 흐른다."

그리고 나서 그리스도의 이름으로 감사하며, 다음과 같은 아름다운 말로 기도하며, 두 손을 당신의 가슴에 다시 갖다 대라: "내 마음과 육체가 생존하시는 하나님께 부르짖나이다" (시 84:2).

이 기도는 서두르지 않는 것이 중요하다. 자연스럽게 느낄 만큼 천천히 움직이라. 당신이 이렇게 기도해 나갈 때, 아마도 이 기도 시간을 조절하게 될 것이다 (Wuellner, pp. 22-23).

밤에는 *집중기도*를, 하루를 시작하는 아침에는 이 *마음의 기도*를 실습하는 것이 의미가 있음을 발견할 것이다. 이 두 가지 기도의 형식을 실습해 보라. 그리고 의미를 찾으면서 그것들을 적용해 보라. 어떠한 기도가 당신에게 효과적이든지, 그것은 내주하시는 그리스도의 임재를 고양시켜 준다.

하루 동안

이틀 전에 제안했던 것처럼 짧은 집중기도를 계속하여 실습하라.

셋째 주를 위한 그룹 모임

도 입

그리스도인의 교제에 있어서 중요한 두 가지 요소는 *피드백*과 *양육*이다. 모든 참석자들이 긍정적으로 활동할 수 있는 그룹의 역동성을 유지하기 위해서 피드백은 필요하다. 그리고 그리스도인의 관심과 섬김을 표현하는 데 있어서 양육은 필수 불가결하다.

인도자는 기본적으로 그룹 내의 피드백에 책임이 있다. 그룹이 어떻게 그 기능을 감당하고 있는지에 대해 각 개인이 자신의 느낌을 표현하도록 격려한다. 다른 사람의 말을 듣는 것이 가장 중요하다. 다른 사람의 행동만큼이나 다른 사람의 말을 듣는다는 것은 그 사람을 알아가는 하나의 수단이다. 다른 사람의 말을 들을 때 우리는 다음과 같이 말할 수 있다: "당신은 중요합니다; 저는 당신의 의견을 존중합니다." 워크북에서 공부한 것을 나누고 있는 사람들에게 우리가 실제로 듣고 있다는 것을 알게 하기 위하여 의미를 물어보는 것도 또한 중요하다. 우리는 종종 잘못 듣는다. 그러므로 "당신은_________라고 말씀하셨습니까?"라고 묻는 것도 괜찮다. 그룹 전체에 듣는 분위기를 형성하기 위해서는 단지 두 명 정도가 이런 식으로 듣고 반응을 표하면 된다.

양육은 참석자 모두가 해야 할 역할이다. 만일 우리가 다른 사람들의 말을 경청한다면, 우리는 그 사람들의 표면 밑에 숨어 있는 필요와 관심을 발견할 수 있고, 특별히 기도해야 하며 관심을 기울여야 할 상황도 발견할 수 있다. 그룹의 구성원들이 나눌 때 그것들을 기록하라. 주중에 전화를 하거나 격려와 관심이 담긴 쪽지를 준다거나, 혹은 방문함으로 양육하라. 그리스도인의 교제의 특성은 행동으로 돌보는 것이다. "어머나! 그리스도인들이 저렇게 서로를 사랑하다니!"

그러므로 그룹 내의 다른 사람들을 매주 양육하라.

함께 나누기

이 시간을 통하여 그룹 구성원끼리 서로를 상당히 알아갈 수 있다. 참석자들은 점차 그룹 모임이 편안하다고 느낄 것이고, 아마도 더 나누려고 할 것이다. 그러나 압박을 가해서는 안 된다. 인도자는 그룹 구성원들이 천천히 나눌 수 있도록 특별히 신경을 써야 한다. 구성원들을 부드럽게 유도해 나가라. 각 사람은 그 그룹에 선물이다. 그 선물은 나눔을 통하여 온전히 나타난다.

1. 그룹 구성원들에게 "사자굴"의 모습에 대한 반응을 물어보며 모임을 시작하라. 이것은 스트레스를 설명하는 데 유용한 은유인가? 다른 묘사할 수 있는 상징들이 있는가?
2. 지난 세 달 동안 가장 스트레스가 쌓이는 경험을 했거나 지금 스트레스를 느끼고 있는 사람이 있다면, 그것을 나눌 수 있도록 필요한 만큼의 시간을 갖고, 많은 사람이 여기에 동참하도록 하라.

3. 이제 나눈 스트레스의 경험들에 초점을 맞추라. 스트레스를 극복해 나가는 데 특별한 방법으로 극복한 사람이 있는지 물어보라. 한 사람에게 그렇게 극복한 방법의 목록을 작성하게 하라. 그리고 그 나눔이 끝나면 그 목록을 읽고 더 추가할 것이 있는지 확인해 보라.

4. 둘째 날, 우리는 스트레스의 원인에 초점을 맞추었다. 둘째 날 열거한 스트레스의 상황들이 무엇인지 분명히 하면서 그룹 안에서 나눈 스트레스의 경험들을 회상해 보라.

5. 어떤 일을 해야 한다는 압박감, 우리가 원하는 것이 거부되고, 우리의 감정을 부인하는 것은 스트레스의 주요한 원인들이다. 그룹 구성원들에게 최근에 이런 것들로부터 스트레스를 경험한 사람이 있는지 물어보라.

6. *그들의 통제 능력 밖의 것이라고 느끼는 것을* 지금 다루고 있는 사람들에게 그것을 기꺼이 나누도록 요청하라. 어떤 사람은 이런 형태로 나누는 것을 어려워할 것이다. 강요하지는 말라. 그러나 그 스트레스를 *인지하고 정확하게 밝혀내는 것은* 그것을 다루는 데 얼마나 중요한 것인지를 강조하라.

7. 다섯째 날 제안한 것을 살펴보라. 집중기도를 해 본 사람이 있는가? 그 기도가 어떠했는가? 그 기도는 당신에게 어떤 역할을 했는가?

8. 일곱째 날 제안한 것을 살펴보라. 마음의 기도를 해 본 사람이 있는가? 그 기도가 어떠했는가? 그 기도는 당신에게 어떤 역할을 했는가?

<h1 style="text-align:center">함께 기도하기</h1>

1. 인도자는 그룹원들의 사진을 가져와 섞어 놓고 각자가 새로운 사진을 하나씩 가져 가게 한다.
2. 인도자는 각자가 가진 사진의 사람을 위하여 이 모임에서 그 사람이 나눈 내용에 초점을 맞추어 조용히 2분 동안 기도하게 한다.
3. 각자 한 마디씩 기도하며 이 시간을 마치되, 자신이 통제할 수 없는 스트레스의 상황에 대해 이야기를 나눈 사람들의 필요에 대해 구체적으로 기도하라.

첫째 날   버림받는 것에 대한 두려움

이번 주 우리가 초점을 맞추어야 할 주제는 외로움, 상실, 슬픔 그리고 죽음이다. 우리가 얼마나 극복해 나가야 할 문제이며 고통의 메뉴인가! 이 주제들은 서로 긴밀히 연결되어 있으므로 나는 이 주제들을 함께 묶어 둔 것이다. 우리는 주제를 구체적으로 다룰 것이지만, 서로의 관련성도 염두에 두고 다룰 것이다.

외로움, 상실, 슬픔 그리고 죽음의 저변에 깔려 있는 감정은 버림받는 것에 대한 두려움이다. 이 감정은 밀실공포증에 가깝고, 닫혀진 것에 대한 두려움, 작은 공간의 덫에 잡힌 것 같은 두려움에 가깝다. 우리 가운데 많은 사람들이 각기 다르게 이것을 경험을 한다. 나는 붐비는 승강기 안에 있을 때 그것과 비슷한 경험을 한다. 이 상황을 만날 때마다 나는 *"만약 이 상황에 꼼짝 못하게 된다면 어떡하냐!"*라는 두려움을 갖지 않은 적이 거의 없다.

　버림받는 것의 두려움은 밀실공포증과 유사하다. 많은 사람들이 이 두려움을 갖고 살지는 않아도, 우리는 우리 삶의 상당한 부분을 그 두려움 가운데 살고 있다. 우리 각자는 아무런 돌파구도 없이 우리가 있는 곳에 우리 인격 그대로 남겨질 것에 대한 생각과 싸운다.

　시인 케네스 파첸(Kenneth Patchen)은 "예수님의 보혈"이란 시에서 그것을 이렇게 표현했다:

　우리 모두의 두려움은
　단지 여기에 존재하고 있다는 두려움이 아닌가?
　오직 이렇게 존재해야 한다는 두려움이 아닌가?
　무엇이 되어야 한다는 다른 목표가 없는 두려움이 아닌가?
　우리가 있는 곳이 아니라
　진정으로 가야 할 곳이 없다는 두려움이 아닌가?

　많은 사람들은 이 두려움을 함정에 빠져 있는 입장으로 표현한다:

▶ 단조로운 힘든 일이 되어 버린 일의 함정.

▶ 사랑이 식어버린 결혼에서 어느 쪽 배우자도 급진적인 단계를 취하려 하지 않고, 생명력 없는 관계에 생명을 불어넣기 위해 어떠한 에너지도 소비하지 않는 결혼의 함정.

▶ 끊임없는 보살핌이 필요한 병 들고 나이 든 부모가 있는 가정의

함정.

► 일시 정지된 느낌이 들 때, 현실에 대한 통제력을 잃어버렸을 때, 그리고 결혼과 가정, 직업에 대해 이성 없이 반응하기 시작했을 삶의 어느 시점의 함정. 우리는 그것을 중년의 위기라고 부른다.

► 사업에 실패했거나 혹은 거의 아무 것도 건질 수 없는 곳에 투자하여 생긴 경제적 비난의 함정.

► 관계를 맺고 있는 각 사람이 다른 사람의 약점을 드러내는 의존적 관계의 함정.

우리를 함정에 빠지게 하는 상황과 환경의 목록을 열거하면 거의 끝이 없다. 내가 자랐던 미시시피의 페리 카운티(Perry County)의 지방말로 그 감정을 표현하면 다음과 같다: "나는 해도 비난받고 하지 않아도 비난받는다."

함정에 빠져 있는 감정에 덧붙여서, 버림받는 것에 대한 감정과 문제는 그 정도가 더 강해서 우리를 절망의 벼랑 끝으로 몰고 가는 것 같이 훨씬 더 우리를 황폐시킨다. 그러므로 함정에 빠진 두려움과 버림받은 것에 대한 두려움은 얼마나 우리의 감정과 영혼을 공격하겠는가!

너무나 자주 그것은 우리가 하나님에게 버림받은 것과 같은 느낌을 갖게 한다. "여호와여, 어찌하여 멀리 서시며, 어찌하여 환난 때에 숨으시나이까?" (시 10:1)

당신은 이와 같이 느껴 본 적이 있는가? 주님께 이와 같이 말하기를 원한 적이 있는가? 나에게는 그런 때가 있었다. 내 삶 속에서 하나님이 떠나버리신 것처럼, 어떠한 의사소통도 할 수 없다고 느꼈던 때가 있었다. 나는 매일 새벽 3시에 일어나서 영적으로 괴로워하며 동이 틀 때까지 기도했다. 그러나 나의 기도는 열매가 있기보다는 더 좌절시켰다. 나의 열정적인 간청은 마치 천정으로 튀었다가 떨어져서 주위를 스치고 날아가는 것 같았다.

어떤 사람이 내 사무실에 와서 의자에도 앉지 못한 채 불쑥 "목사님, 저는 기도할 수 없어요. 하나님이 제 기도를 듣지 않으시는 것 같아요. 하나님의 임재를 느낄 수 없어요. 하나님이 저를 떠나셨어요"라고 말하는 것은 나에게 결코 충격을 주지 못했다.

성경을 읽는 사람이라면, 다른 사람으로부터 그런 고백을 듣거나 혹은 그런 것을 자신의 영혼에서 느낄 때 충격받지 않아야 한다. 하나님의 책인 성경은 하나님을 우리 가까이 오시게 하거나, 우리가 하나님 가까이로 가게 되는 근원으로서 하나님께로 이끄는 통로로 우리에게 잘 역사한다.

성경은 하나님이 멀리 계시고, 계시지 않으며, 침묵하시고, 미칠 수 없는 곳에 계신다고 느꼈던 많은 사람들의 고뇌를 나타내준다.

무명의 시편 기자는 하나님을 알고 싶지만 접촉할 수 없는 마음의 고통을 시편 10편에서 표현했다. 절망하고 있는 영혼의 깊은 곳에서 끓어오르는 고뇌의 질문들을 들어보라.

> **"여호와여, 어찌하여 멀리 서시며,
> 어찌하여 환난 때에 숨으시나이까?"**

이 고통당하는 자의 눈물 가득한 눈에는 마치 주님이 조용히 바라만 보시며, 그의 괴로움을 민망히 여기지 않은 채 서 계시는 것처럼 보일 것이다. 그 뿐만 아니라, 주님은 *멀리 계시며*, 더 이상 "환난을 만날 때에 실제적인 도움이 되지 않으시며," 도달하기 어렵고 아무도 오를 수 없는 산과 같은 분처럼 여겨진다. 하나님의 임재는 그의 백성의 기쁨이다. 그러나 그의 부재에 대한 어떠한 의혹도 측량할 수 없을 정도로 우리를 혼란시킨다 (Spurgeon, p. 123).

"여호와여, 어찌하여 환난 때에 숨으시나이까?" 스펄전은 우리에게 정확하게 상기시킨다. "그것은 환난이 아니라, 우리 하나님 아버지의 얼굴이 가리운 것이고, 그것은 우리의 골수를 찌르는 것이다."

묵상하고 기록하기

여기 제시하는 단어로 시작해서, 당신이 경험했던 것을 두 문단으로 기록하라. 그 상황을 온전히 떠올리기 위해 자세하게 그 경험을 기록하라.

내가 함정에 빠진 것처럼 느꼈던 때는

내가 버림받은 것처럼 느꼈던 때는

이 두 경험을 자세히 본 후, 당신이 그것들을 어떻게 극복했는
지, 어떻게 벗어났는지를 회상할 수 있는지 보라.

✻　　✻　　✻

여기에 당신이 "해방"된 것에 대해 기록하라.

잠시 기도하는 시간을 가져라. 함정에 빠진 감정과 버림받은
것에 대한 두려움에 초점을 맞추고, 이미 당신이 경험한 해방과
자유에 대해 하나님께 감사하라.

하루 동안

아주 많은 사람은 함정에 빠지거나 버림받는 것과 같은 느낌을

갖는다. 아마 당신도 그러했을 것이다. 당신이 자유함을 느끼는 곳이 있는가? 당신은 결혼 생활은 자유로운가? 당신의 일은 행복한가? 관계는 원만한가? 당신은 학교나 자원 봉사 활동에서 의미를 찾는가? 오늘 하루 당신이 함정에 빠졌다고 느끼지 않는 장소와 관계를 인식하며 보내라--그리고 감사하라.

둘째 날   당신이 느끼는 감정을 하나님과 정직하게 나누라

어제 당신은 과거에 함정에 빠졌거나 버림받았다고 느꼈던 경우나 경험을 찾아내라는 요청을 받았다. 오늘 공부를 시작하면서 그것을 계속 다루라. 당신의 마음과 정신을 살피고 정직하라. 당신은 지금 함정에 빠졌거나 버림받은 것처럼 느끼는가? 그 상황과 당신의 감정을 묘사하라.

시편 10편은 지금 우리가 주의해서 볼 필요가 있다. 왜냐하면 그것은 우리가 함정에 빠졌거나 버림받았다고 느꼈을 때처럼 상실감을 느낄 때, 그것을 극복해 나갈 수 있는 방향을 제시해 주기 때문이다.

여호와여, 어찌하여 멀리 서시며,
  어찌하여 환난 때에 숨으시나이까?
악한 자가 교만하여 가련한 자를 심히 군박(窘迫)하오니,
  저희로 자기의 베푼 꾀에 빠지게 하소서.
시편 10:1-2

여호와께서는 영원무궁토록 왕이시니,
  열방이 주의 땅에서 멸망하였나이다.
여호와여, 주는 겸손한 자의 소원을 들으셨으니,
  저희 마음을 예비하시며, 귀를 기울여 들으시고,
고아와 압박당하는 자를 위하여 심판하사,
  세상에 속한 자로 다시는 위협치 못하게 하시리이다.
시편 10:16-18

시편 기자가 우리에게 제시하는 방향은 *우리가 느끼는 감정을 하나님과 정직하게 나누는 것부터* 시작한다. 시편 기자는 이것을 주장하고 있다.

우리는 고통받을 때 잠잠하지 않는다. 비록 하나님이 멀리 계신 것 같고, 큰 물음표가 우리의 기도에 덧붙여진다 할지라도, 우리는 여전히 우리가 느끼는 감정을 하나님께 말한다.

하나님의 부재(不在)는 모든 일이 잘 진행될 때는 거의 느끼지 못한다. 바다는 부드럽고, 하늘은 밝으며, 우리는 하나님이 피조물을 돌보는 가까운 곳에 계시다고 생각한다. 그러나 일이 잘 되지 않을 때는 긴장하게 되고, 좌절감이 쌓이며, 삶이 기울어져 가고, 당신이 꼼짝하지 못하며, 갑자기 하나님이 사라진 것처럼 보인다. 이러한 일이 일어날 때, 시편 기자가 했던 대로 하라. 당신이 느끼는 감정을 하나님께 말하라.

데이비드 알렌 허버드(David Allan Hubbard)는 시편 10편에

대한 그의 주석에서 도움이 되는 글을 제시한다.

당신이 느끼는 감정을 하나님께 말하는 것은 하나님이 당신의 불평을 들으실 수 있을 만큼 아주 가까이 계시다는 것을 상기시켜 줄 것이므로 도움이 된다. 하나님의 프로그램은 허술하게 운영되는 식당과 같지 않다. 당신은 그런 식당을 안다—음식은 식어서 맛을 잃었고, 서비스는 형편없다. 점원에게 그 불쾌한 음식에 대해 불평하려할 때, 당신은 그 사람으로부터 주목조차 받지 못한다. 당신의 좌절은 커가고, 당신의 불만족은 음식을 씹을 때마다 더해 간다. 왜냐하면 당신은 지배인에게 당신의 불편을 알려서 어떠한 만족을 얻을 기회조차 갖지 못했기 때문이다.

시편 기자의 하나님은 그와 같지 않다. 비록 하나님이 시편 기자가 원하는 모든 것을 행하지 않으신다 할지라도, 그분은 시편 기자의 기도를 듣고 계신다. 시편 기자는 이것을 알고 있으며, 그러기에 하나님께 불평하고 있는 것이다.

그는 말을 아끼지 않고 느끼는 것을 말한다. 그는 충분하게, 그리고 격하게 자신이 가지고 있는 모든 문제를 언급한다. 매 절마다 시편 기자는 자신의 적이 행한 것에 대해 하나님께 상기시킨다. 그리고 나서 그는 하나님이 행하시도록 성실하고, 열정적으로 간청한다: "여호와여, 일어나옵소서; 하나님이여, 손을 드옵소서; 가난한 자를 잊지 마옵소서" (12절).

그가 느끼는 것을 하나님께 말함으로, 그는 자신의 영혼의 짐을 내려놓고 하나님 안에서 자신의 믿음을 표현하고 있는 것이다. 시편 기자들은 고통당할 때 잠잠하지 않았다. 그들은 특별히 그들의 지도자가 그들의 불평에 대해 부분적으로 책임이 있다고 생각했을 때, 자신들의 불평을 지도자에게 직접 가지고 갔다 (Hubbard, pp. 26-27).

우리가 느낀 감정을 하나님과 정직하게 나누므로, 우리는 우리 자신의 영혼의 짐을 내려 놓고 하나님 안에서 우리의 믿음을 표현한다.

나는 그것이 기도와 나눔의 조화 속에서 완전하게 일어나는 것을 알았다. 각자가 서로를 필요로 해서, 그리고 신앙 생활의 성장을 위하여 몇몇 사람이 함께 모일 때 누군가가 자신의 걱정거리 또는 다른 사람들을 신뢰하지 못하는 데서 오는 두려움을 과감히 나누게 되면, 그런 문제들이 해소되고 안도감을 갖게 된다. 예를 들면, 다른 사람들에게 "나는 두려워요"라고 말할 수 있는 것은 숨어 있는 잠재력이 있는 안도감을 주는 밸브와도 같다. 두려움에는 많은 원인이 있을 수 있다.

"나는 죽어가고 있는 것이 두렵다."

"내 아내가 다시는 회복되지 못할까봐 두렵다."

"나는 다시금 나를 약물 중독자의 어두움과 무기력 속으로 되돌려 보낼 약물에 손 댈 수 있는 술과 담배를 하게 될까봐 두렵다."

"나는 냉담함과 무감각한 무관심이 나의 삶에서 너무 오랫동안 지속되어서 두렵고, 가족보다도 돈과 직업, 성공에 우선권을 두어 아내와 자녀들의 사랑을 잃어버렸기에 두렵다."

두려움은 하나의 감정에 불과하다. 다른 사람들에게 이런 두려운 감정 혹은 우리 안에서 금방이라도 폭발하려는 깊거나 격앙된 감정들을 표현할 수 있는 것은 우리 영혼의 짐을 덜어 놓는 일이다. 그러한 감정들을 마음 속에 쌓아두는 것은 우리의 감정과 영적인 건강뿐만 아니라 육체적인 건강에 해롭다. 그 쌓인 감정들은 조만간 위궤양으로 발병할 수도 있고, 심장병을 일으키는 스트레스로 발병할 수 있으며, 신경쇠약을 일으키는 염려, 혹은 우리가 사랑하는 어떤 사람들에게 해를 끼치는 분노, 영적 치유의 가능성을 손상시키는 믿음의 상실을 유발할 수 있다.

재미있게 그리고 정직하게 우리의 감정을 다른 사람과 나누는 것은 종종 우리가 하나님과 그런 감정들을 나눌 수 있는 역동적인 힘이 된다. 우리가 그렇게 할 때, 우리는 더 심오한 해소와 안도감을 맛볼 수 있는 필요한 장소의 바로 뒤에 있는 것이다. 우리가 그렇게 할 때, 하나님을 신뢰할 수 있는 시점의 바로 뒤에 있는 것이다. 그러므로 시편 기자는 다음과 같이 주장한다: *당신이 느끼는 감정을 하나님과 정직하게 나누라.*

묵상하고 기록하기

오늘 당신이 처음으로 해야 할 일은 함정에 빠졌거나 버림받았다고 느끼고 있는 현재의 상황을 기록하는 것이다. 그것을 회상해 보고 당신이 느끼는 감정을 하나님과 솔직하게 나눌 수 있도록 기도 제목으로 삼으라.

＊　　＊　　＊

만약 당신이 함정에 빠졌거나 버림받았다고 느끼는 것이 현재 없다면 감사의 기도를 드리는 시간을 가지라; 또한 당신이 알고 있는 사람 중 함정에 빠졌거나 버림받았다고 느끼는 사람들을 위해 기도하라.

＊　　＊　　＊

하루 동안

우리가 오늘 토의했던 것 중 하나는 다른 사람들과 우리의 감정을 나누는 것의 장점이다. 만일 당신이 다른 사람들과 나누었다면 당신은 해소되어야 할 억눌린 감정이 있는가? 그렇다면 오늘 그렇게 하라.

셋째 날 황폐한 곳의 부엉이

여호와여, 내 기도를 들으시고,
    나의 부르짖음을 주께 상달케 하소서!
나의 괴로운 날에
    주의 얼굴을 내게 숨기지 마소서!
주의 귀를 기울이사
    내가 부르짖는 날에 속히 내게 응답하소서!

대저 내 날이 연기 같이 소멸하며,
    내 뼈가 냉과리 같이 탔나이다.
내가 음식 먹기도 잊었음으로
    내 마음이 풀 같이 쇠잔하였사오며,
나의 탄식 소리를 인하여
    나의 살이 뼈에 붙었나이다.
나는 광야의 당아새 같고,
    황폐한 곳의 부엉이 같이 되었사오며,
내가 밤을 새우니
    지붕 위에 외로운 참새 같으니이다.

내 원수들이 종일 나를 훼방하며,
　　나를 대하여 미칠 듯이 날치는 자들이
　　나를 가리켜 맹세하나이다.
나는 재를 양식 같이 먹으며,
　　나의 마심에는 눈물을 섞었사오니,
이는 주의 분과 노를 인함이라.
　　주께서 나를 드셨다가 던지셨나이다.
내 날이 기울어지는 그림자 같고
　　내가 풀의 쇠잔함 같으니이다.

시편 102:1-11

상실, 외로움 그리고 단절되는 것에 대한 이보다 더 신랄한 묘사는 없다: "나는...황폐한 곳의 부엉이 같이 되었사오며." 시편 기자는 담대하게 거기에 덧붙여 설명한다. "내가 밤을 새우니 지붕 위에 외로운 참새 같으니이다." "내가...나의 마심에는 눈물을 섞었사오니." 시편 기자는 하나님이 "나를 드셨다가 던지셨나이다"라고까지 느낀다.

외로움은 어느 누구도 우리의 존재를 알지 못한다고 느끼는 감정이다. 그것이 극치에 도달할 때, 외로움은 어느 누구도 심지어 하나님조차도 돌보지 않는다고 느끼는 감정이다.

우리가 있는 곳은 외로움과 관련이 없다. 얼마나 많은 사람들이 주변에 있는가는 중요하지 않다. 그것은 단절되고 끊어진 것과 같은 감정이다. 필리스 홉(Phyllis Hobe)은 신선한 방법으로 외로움을 표현했다.

외로움은 불확실한 세상의 불투명함을 두려워하는 우리 안에 있는 어린 아이이다. 외로움은 부모를 향해 울어대며, 연약한 몸을 강한 팔로 감싸고 위로해 주기를 원하는 갓난 아이이다.

　당신 안에 있는 이 아이에 대해 부끄러워하지 말라. 그 아이는 당신의 훌륭한 일부분이다. 그것은 당신을 하나님과 연결시킨다. 그 아이는 예수님이 가장 사랑하는 제자들 가운데서 갑자기 혼자라고 느끼셨을 때 예수님으로 하여금 겟세마네 동산에서 무릎 꿇고 기도하게 만들었다. 그리고 예수님 안에 있는 그 아이는 하나님 아버지께 큰 소리로 외쳤더니 하늘에 계신 부모가 찾아오셔서 보호하셨다 (Hobe, p. 97).

외로움은 고통스럽다. 우리가 갖고 있는 큰 감정은 상관하지 않는다. 우리는 사랑하는 사람과 삶을 나누고 싶어하지만, 외로움은 그렇게 하는 과정에서 생겨난다. 친근한 나눔은 의미 있는 삶을 위해 필수적이다. 친근한 나눔이 없으면 우리는 외롭다. 우리가 친근한 나눔으로부터 단절되면 단절될수록 우리의 외로움은 더 커진다.

우리가 알아야 할 나눔에는 두 가지 장벽이 있다. 하나는 *열등감*이다. 이 감정은 갖지 않을 때보다 더 자주 자아를 괴롭힌다. 그 열등감은 우리가 나누는 것에 대해 두려워하게 만든다. (내가 다른 사람에게 무엇을 주어야만 하는가? 상대방이 어떻게 반응할 것인가? 나는 당황할 것이다. 그녀는 내게서 돌아설 것이다.) 그래서 우리는 관계 속에서 나눌 때 올 수 있는 위험으로부터 우리를 보호하기 위하여 두려움을 허락한다.

또 다른 장벽은 거의 반대이다. *우리는 우리 스스로 확인할 수 없는 것을 기꺼이 인정하려고 하지 않는다.* 그러나 이것은 자신의 필요를 인정하고 상대가 제공해야 하는 것을 기꺼이 받을 수 있는 밀접한 관계를 위해 필수적이다.

우리가 배운 모든 가르침은 교묘하고도 공공연하게 이것과 반대하여 거부하지 못하게 한다. 우리는 자부심이 강한 존재이며, 적어도 그렇게 보여진다. 상처나 필요를 인정하는 것은 약함의 상징이다. 만약 우리가 상처를 드러내거나 상처입기 쉬운 사람으로 보인다면 우리는 약한 자로 인식될 것이다.

우리가 "그는 어느 누구도 필요하지 않았다"라고 감히 말할 수 있는 사람이 누구인가? 그분은 예수님이다. 그러나 신약성경은 예수님이 자신의 필요를 제자들과 나눈 몇 가지 예를 기록하고 있다. 자신의 필요에 대한 예수님의 비애감이 생생한 한 장면이 있다. 예수님은 자신의 삶이 막바지에 이르러 십자가가 다가오고 있다는 사실을 알았을 때, 베드로, 야고보, 요한에게 말했다. "내 마음이 심히 고민하여 죽게 되었으니, 너희는 여기 머물러 깨어 있으라" (막 14:34).

그들은 예수님이 기도하시는 동안 잠들었고 예수님을 실망시켰지만, 여전히 그분은 그와 함께 있을 그들이 필요하셨다.

묵상하고 기록하기

잠시 동안 당신 자신의 외로웠던 경험을 묵상하라. 당신은 관계를 맺는 데 주된 장애가 되는 요소 중 하나를 보여 주는 죄의식이 있는가? 당신은 열등감을 느끼거나 당신의 필요를 나누는 것을 거부하는가?

*　　*　　*

당신이 경험한 외로움 중 가장 처절하게 또는 황폐하게 만들었
던 경우를 떠올리고 여기에 기록하라. 그 경험을 깊이 알 수 있도
록 충분히 기록하라.

다음의 문장을 완성함으로 그 경험을 요약해 보라.

처절하게 외로웠을 때 내가 하고 싶었던 것은 _______________
____
____
____

당신이 외로움으로부터 자유롭게 되는 데 도움을 준 사람이 있
는가? 여기에 그 이름을 적어 보라.

___________   ___________   ___________

그들이 무엇을 했는가?

우리 각자는 베풀 수 있는 잠재력을 가지고 있다. 만일 당신이 잘 들으면, 당신은 외로운 또 다른 사람을 발견할 수 있을 것이다. 다른 사람들 안에 있는 아이는 당신에게 울어댈 것이다. 그 울음과 반응을 들어라. 그것은 외로운 가운데 있는 당신을 도울 것이다. 왜냐하면 두 사람이 함께 나누는 것은 외로움에 효과적인 약이기 때문이다.

하루 동안

지금 당신 주변에 외로운 사람이 있는가? 이제 오늘 어떻게 당신이 그 사람에게 다가설 것인지 결단하라.

만약 외로운 사람을 알고 있지 않다면, 오늘 특별히 주의를 기울이라. 당신이 그런 사람을 발견할 수 있는 좋은 기회이기 때문이다.

넷째 날　가장 나쁜 고통

유진 케네디(Eugene C. Kennedy)는 가장 나쁜 고통을 알고 있다.

고통은 우리를 죽이지 않는다; 때때로 우리가 죽기를 원할지라도, 만약 고통이 끝날지라도 우리는 결코 고통으로 죽지 않는다. 가장 나쁜 고통은 치료법이 없는 것처럼 보인다. 그것들은 우리가 아플 때보다 오히려 건강할 때 오기 때문에 우리 영혼의 가장자리를 찢는다. 우리는 이런 고통을 잠잠하게 하려고 애쓰지만, 결국에는 그 고통이 다시 돌아온다. 그 고통은 게으른 순간을 기다리면서, 혹은 우리 마음 속으로 들어갈 입구로 사용할 익숙한 노래를 부르며 우리와 함께 휴가까지 간다. 우리를 죽이지는 않지만, 삶을 통해 그렇게 밀접하게 우리를 따라다니는 방법을 배워왔던 이 아픔은 무엇인가? (Kennedy, p. 38).

우리 모두는 적어도 단순히 인간으로 존재하고 살아가기 때문에 생긴 고통을 조금 알고 있다.

▶ 우리가 아는 어떤 젊은 사람은 자살한다.
▶ 우리의 가장 가까운 친구들은 이혼하고 있다.
▶ 아버지가 겨우 62세였을 때 암에 걸려서 돌아가셨다.
▶ 우리 자녀 중 하나가 다운증후군으로 태어났다.
▶ 배우자가 성실하지 않았고 또 다른 사람과 성 관계를 가졌다.
▶ 어린 자녀들과 얽혀 있는 우리의 결혼 문제를 해결하기 위해 애쓰고 있을 때, 우리 부모님은 그들에게 관심을 두지 않았다고 우리를 비난하며 등을 돌렸다.
▶ 배우자가 알코올 중독자라는 사실을 새삼 깨달았다.

이러한 목록을 더 많이 떠올리라. 여기에 당신이 느끼거나 혹은 당신이 알고 있는 다른 사람이 겪고 있는 고통의 원인 네다섯 가지를 기록하라.

이와 같이 "인간으로서 존재하기에 생겨난 고통"은 우리를 화나게 하며, 우리를 슬프게 만들고, 또한 우리 자신을 고립시키고, 그 고통을 혼자 견디게 하여 우울하게 만든다. 종종 상실감은 우리가 사랑하는 사람으로부터 우리를 단절시키고, 우리가 사랑스럽게 느끼는 것을 잘라낸다.

우리 자신을 죄로부터 지키는 것은 중요하다. 때때로 우리는 우리가 조절할 수 없는 사건들 때문에 무서운 죄를 짓는다. 우리는 용서받아야 할 죄와 치료받을 필요가 있는 고통스러운 상처를 구별할 필요가 있다. 다음의 플로라 웰너의 글은 우리를 돕는다.

> 용서받아야 할 죄와 치료받을 필요가 있는 고통스러운 상처를 구별하는 한 방법은 내적 고백 후에 느끼는 방법이다. 내가 죄의 문제와 싸우고 있을 때, 힘들지만 자유롭게 그 문제를 해결할 행동이나 결정을 하게 되고, 그 후 종기를 절개하는 것처럼 조금은 날카롭지만 근원적인 고통이 사라지는 것을 느낀다. 그러나 내가 두려움과 공포, 고통 혹은 치유되지 않은 기억들로 생겨난 상처를 고백하기 위해 애쓰며 노력할 때, 자유함을 주는 예리한 감정을 느끼지 못하며, 계속해서 무거운 고통이 가슴을 두근거리게 한다. 그 때 나는 그 문제가 용서받을 필요가 있는 죄의 문제가 아니라, 거룩한 의사의 만지심이 필요한 진정한 내면의 상처임을 알게 된다 (Wuellner, p. 15).

이 깨달음이 올 때, 죄의식과 중압감은 사라진다. 우리는 죄의식의 짐을 진 채 고통을 참고 우리 내면의 상처가 치유되도록 할 수 없다.

묵상하고 기록하기

오늘 공부를 시작하면서 내가 기록해 놓은 경험의 목록으로 돌아가라--단순히 인간으로 존재하고 살아가기 때문에 생겨난 고통--그리고 그 외에 당신이 경험한 것들을 목록에 추가하라. 당신이 개인적으로 경험한 각 목록을 체크하라. 지금 그렇게 하라.

✳ ✳ ✳

이제 당신 자신을 보라. 당신은 여전히 이런 경험들로부터 고통을 느끼고 있는가? 당신은 이런 경험들로부터 온 내적인 상처나 아직 치유되지 않은 다른 경험이 있는가? 좀처럼 당신은 그 내적인 상처의 무디어진 통증을 피하려 하지 않는다. 우리 대부분은 내적인 상처의 치유가 필요하다.

조셉 슈미트(Joseph F. Schmidt)는 『경험한 것을 기도하기』(Praying Our Experiences)에서 이 과정에 대해 도움이 되는 글을 썼다.

> 우리의 모든 고통의 경험은 계시의 능력을 가지고 있다. 그러나 우리는 그 경험들의 일부도 비추어볼 수 없는 우리 자신을 발견한다. 그 경험들은 우리들을 너무 당황케 한다. 그 경험들은 우리들에게 너무 상처를 준다. 우리는 그 고통을 다시 느끼고 싶어 하지 않는다....우리는 흉터 남은 상처를 다시 열어 보고 싶어 하지 않는다.
>
> 우리가 이런 고통스러운 경험을 "상처"라고 부를 때, 이것은 우

*리*를 따라다니는 꼬리표라는 것을 기억해야 한다. 우리는 그것들을 우리의 감정에 대한 상처, 우리의 기대에 대한 상처, 우리의 소망에 대한 상처, 우리의 정당성, 존엄성 그리고 성공에 대한 상처라고 말한다; 그러나 그 상처들이 우리 자신에 대한 진리의 일부분을 가르쳐 줄 때, 그것들은 상처가 아니라 우리의 삶의 귀중한 총체의 작은 부분들이다. 우리의 기도는 하나님께 드릴 우리의 실제적인 삶의 모든 것을 떠올릴 수 없을 만큼 방해받을 것이다.

기도는 본질적으로 하나님께 우리 자신을 드리는 것이다....우리 자신의 어떤 부분들은 연약한 은사로 하나님께 올려 드리는 예물에서 빠졌다. 하나님은 우리의 모든 것을 원하신다. 그러므로 우리는 우리의 모든 은사 안에서 우리의 모든 기억과 소망의 완전함을 향해 일한다. 이 완전성을 얻기 위해 고통과 저항을 유발하는 기억들이 치유될 수 있는 방법이 필요하다.

우리 개인의 역사의 한 부분으로서 우리의 고통스런 경험을 인식하면서, 우리는 그 고통의 경험을 통해 하나님에 의해 양육되어지는 가능성으로 우리 자신을 개방하기 시작한다. 그러나 우리가 경험을 거부하는 만큼 하나님의 사랑의 돌봄도 거부하며, 그것은 그 경험에 신비롭게 깊이 새겨진다 (Schmidt, pp. 21-22).

그러므로 고통스러운 내적인 상처를 치료하기 위한 기도를 드려라:

첫째, 내적인 고통이나 고통스런 기억을 인식하라.
둘째, 이런 상처가 당신의 일부분이라는 사실을 받아들이라.
셋째, 이 수용은 우리 자신 혹은 다른 사람을 용서하라고 요청할 수도 있다. 이것은 고통에서 치유를, 악에서 선을 가져오는 하나님의 사랑 안에 있는 믿음을 요구한다.

넷째, 감사는 내적인 상처에 대한 치유를 위한 기도의 마지막 단
계이다. 진정한 감사는 오직 부활로 인도될 수 있는 죽음과
같은 내면의 상처인 고통스러운 경험을 받아들일 때 온다.
이것은 우리의 삶의 어느 특정한 부분에서 '아니오'라고 말
해 온 것을 극복하고 삶에 새로운 '예'를 말하는 방법이다.

하루 동안

이 과정을 공부하면서 당신이 떠올렸던 내적인 상처를 치유하
기 위해, 오늘 하루 중 몇 차례 기도하는 시간을 따로 가지라.

다섯째 날 슬픔

천하에 범사가 기한이 있고,
　　모든 목적이 이룰 때가 있나니:
날 때가 있고, 죽을 때가 있으며;
심을 때가 있고, 심은 것을 뽑을 때가 있으며;
죽일 때가 있고, 치료시킬 때가 있으며;
헐 때가 있고, 세울 때가 있으며;
울 때가 있고, 웃을 때가 있으며;
슬퍼할 때가 있고, 춤출 때가 있으며.

－전도서 **3:1-4**

슬픔은 보편적인 경험이며, 모든 사람이 경험한다. 그것은 우리의 상실에서 온다. 사랑했던 사람, 남편, 아내, 부모 혹은 자녀의 상실이 가장 흔한 원인이다.

그러나 슬픔은 죽음이 아닌 다른 것을 상실한 데서도 올 수도 있다. 우리는 사랑하는 사람이 약물 중독이나 알코올 중독으로 우리의 삶과는 어울릴 수 없는 전혀 다른 삶을 살아가기에 그 사람을 잃을 수 있다. 부모가 이런 방식으로 자녀를 잃는 일이 자주 일어난다. 자녀들은 부모가 같이 걸을 수 없는 길을 걷고, 필사적으로 노력한다고 해도 이해할 수 없는 길을 걸어간다. 막힌 담이 세워지고, 불화가 생기며, 때때로 그 상실은 거의 육체적 죽음만큼이나 고통스럽다.

오늘날 아주 많은 사람들이 사랑하는 사람과 이런 식으로 삶이 차단되어 상실을 경험하고 있다. 약물은 그 주된 원인이다. 아주 최근에 우리는 오하이오에 있는 한 그리스도인 가정으로부터 전화를 받았다. 그들의 스물한 살 된 아들이 멤피스에 있는 감옥에 있는데 성경을 갖다 달라고 했다. 그는 마약 판매로 투옥되었고, 상실감으로 고통스러워하고 있는 부모는 아들이 있는 곳과 천 마일이나 떨어져 있었다.

슬픔은 보편적인 경험이다. 그리스도인으로서 우리는 어떻게 그것을 극복해 나갈 것인가?

그것을 극복해 나가는 흔한 방법은 그리스도인답지 않게 행동하며, 아무 것도 하지 않는 것이다. 즉, 패배감에 휩싸이고, 완전히 낙담하며, 포기하는 것이다. 때때로 우리는 죄책감에서 이렇게 한다. 만약 우리가 잘못했던 사람이 죽었고, 우리의 잘못을 바

르게 하거나 용서를 구하지 않은 채 죽었다면, 우리는 심한 양심
의 가책을 가지고 살게 된다.

슬픔을 다루는 또 다른 온전하지 않은 방법은 슬픔을 분노로
만들어 계속 머물게 하는 것이다. 나는 지금 아주 조심스럽게 이
것을 말하고 있다. 개인적 상실로 분노하는 것은 자연스럽다. 그
분노를 표현하는 것도 자연스러운 것이다. 마음 안에 있는 비록
이처럼 명확하게 표현되지 않는다고 할지라도, 그 분노는 하나님
에 대한 것일 것이다. 그 분노를 분출하여 표현하라. 그러나 슬픔
이 분노로 머물게 하지 말며, 하나님을 분노로 져버리지 말라. 이
렇게 하는 것은 이미 받은 고통의 쓰라림과 어려움에 더 큰 상실
을 안겨 주는 것이다.

앤 카이저 스턴스(Ann Kaiser Stearns)는 다음과 같이 우리를
상기시킨다:

> 분노는 유지하려고 하는 것과 나아가게 하는 것과의 싸움이다. 그
> 것은 악과의 싸움이다. 우리는 우리가 직면한 상실감에 대해 고통
> 을 받아야 하는 삶의 부조리에 분노를 느낀다. 우리는 우리의 고
> 통을 이해하지 못하는 사람에게 분노를 느끼고, 너무 견고해 보이
> 고, 안전해 보이고, 모든 것이 고통스러운 환경이라는 것을 개인
> 적으로 알지 못하는 사람들에게 분노를 느낀다. 우리는 우리의 상
> 실감의 원인이 되는 누구에게든지 혹은 무엇에든지 분노를 느끼
> 며, 우리가 자포자기하기를 바라는 사람들에게 분노한다. 일반적
> 인 삶에 분노를 느끼는 것은 흔한 일이다. 우리는 비난받을 사람
> 이 있는지 주변을 살핀다 (Stearns, p. 67).

바로 앞에서 우리가 다루었던 하나님에 대한 분노의 관점으로

돌아가 보자. 우리가 깨닫든지 아니하든지, 우리의 분노를 담은 질문을 지시하는 분은 바로 하나님이다. "왜 나는 고통받아야 하는가? 공의는 어디에 있는가? 거기에는 어떤 의미가 있는가? 어떻게 내가 살아갈 수 있는가?" 우리는 우리에게 발생하는 모든 일이 하나님의 뜻이라고 배워왔다. 그래서 우리는 하나님께 책임을 묻거나, 적어도 하나님이 그 고통을 왜 막지 않으셨는지를 고통스럽게 질문한다.

우리의 분노와 쓰라린 감정에 대해 부끄러워할 필요는 없다. 이런 감정을 표현하는 것은 분노를 헤쳐 나갈 수 있도록 도와 준다.

이제 긍정적인 것을 말해 보자. 당신의 슬픔을 드러내라. 울어라. 당신의 눈물을 다른 사람과 나누어라. 당신 자신을 숨기지 말고, 당신의 고통을 눈물로 표현하지 못하게 하거나 혹은 상처를 고백하지 못하도록 잘못 인도하는 사람들에 의해 자신을 억제하지 말라. 만약 당신이 비명을 지르고 싶다면 울지 말고 적당한 장소를 찾아 그렇게 하라.

상실의 아픔을 억누르며 분노 가운데서 곪게 하지 말라. 어떤 상실, 특별히 사랑하는 사람의 상실은 상처를 남긴다.

그것은 자연스러운 결과이다. 왜냐하면 우리는 사랑하는 사람이 죽기를 원하지 않으며, 그들이 죽을 때 슬퍼하는 것은 당연하다. 슬픔은 당신의 내면적 감정뿐 아니라 외적인 삶에도 영향을 줄 수 있다. 그 때 아마 당신은 일이나 가족과 가정을 돌보는 것에 관심을 갖기가 어렵다는 것을 알 것이다. 아마 당신은 해야 할 일이 있을 때 더 이상 올바른 판단을 내리지 못할 것이다. 그리고 실제로 당신의 내면의 고통이 육체적으로 드러날 수도 있다. 슬픔의 공격은 이런 일들이 당신에게 일어나게 할 수 있다. 그것들이 그렇게 할 수 있다는 것을 명심하라. 그것들을 이론적으로 만나도록 당신 자신을 준비하라.

당신이 육체적으로 다쳤을 때, 당신은 치유를 위한 시간으로서 미래를 바라 본다. 감정적 상처에서도 그와 똑같이 하라. 잃어버린 사람 없이 살아갈 수 없다고 자신에게 말하지 말라. 당신 자신에게 이같이 말하라: "나는 계속 살아야 하고, 살 수 있어!" 남은 삶이 당신을 기다린다는 것을 명심하라. 당신에게는 아직 해야 할 일이 더 있는 삶이 있다 (Miller, pp. 4-5).

당신의 슬픔은 다른 고통받는 자들에 대한 서곡이고, 그들의 아픔을 하나로 묶는 표지라는 것을 알라. 고통의 나눔이 있을 때 그것에 대한 해결이 있다.

손턴 월더(Thornton Wilder)는 "물을 동하게 하는 천사"(The Angel That Troubled the Water)라는 제목의 3분 드라마를 썼다. 이것은 천사가 나타나서 물을 동하게 할 때 그 연못에 들어간 사람이 나음을 입는다는 베데스다 연못의 이야기를 바탕으로 한 것이다.

세 명의 등장 인물이 나온다: 말 못할 부담을 가지고 있어서 천사가 오기를 기도하는 의사, 베데스다 연못을 찾아 온 의사에게 "당신은 걸을 수 있으니, 우리가 치유의 기적을 맛볼 수 있도록 일터로 돌아가라"고 책망하는 만성 환자, 세 번째 등장 인물은 천사이다. 그 천사는 치유의 연못에 들어가기 전에 의사에게 말한다:

의사여, 물러서라. 이 순간은 너를 위한 것이 아니다.... *만약 상처가 없다면 너의 힘이 어디에서 나오겠는가?* 그것은 사람의 마음을 떨리게 만드는 바로 당신의 양심의 소리이다. 그 천사들은 질병이 있는 사람이 할 수 있는 만큼, 불쌍하고 큰 실책을

범한 사람을 도울 수 없다. 오직 상처입은 사람만이 사랑의 섬
김으로 다른 사람을 섬길 수 있다.

...당신의 고통과 슬픔은 해결될 수 있다. 그것은 당신의 삶을 바
꾸어 놓을 수 있다. 그것은 당신이 민감하게 듣고, 나누고, 이해할
수 있도록 해 주며, 치유할 수 있는 사랑을 가지고 다른 사람의
고통 속으로 들어가게 해 준다 (Dunnam, *The Sanctuary for
Lent 1983*, p. 47).

우리는 내일 슬픔, 상실 그리고 죽음에 대해 더 생각할 것이다.
지금 한 마디 더 하면, 슬픔 속에서 하나님의 사랑을 붙잡아라.
다른 경우에도 하나님의 사랑을 기억하는 것은 당신이 유일하게
할 수 있는 방법일 수 있다. 하나님의 사랑의 감정을 알아 가는
것이 다시 현실이 될 때까지 하나님의 사랑 안에 거하라.

묵상하고 기록하기

어제 우리는 우리의 경험을 기도하고 내면의 고통스런 상처를
치유하는 기도에 대해 이야기했다. 그 기도가 역동적이 되도록
연습하고, 이제 그것을 사랑하는 사람에 대한 상실, 이미 경험한
상실 때문에 느끼는 상처에 초점을 맞추어 사용하라.

하루 동안

당신은 고통받고 있는 사람을 아는가? 오늘 그 사람에게 사랑
을 표현하므로 시작하라. 그렇게 하는 한 방법은 당신 자신의 고

통을 나누는 것일 수 있다. "상처받은 사람이 사랑의 섬김으로
만...섬길 수 있다."

여섯째 날   하나님을 용서하라

당신은 오늘 우리가 배울 주제를 눈여겨 보았는가? 하나님을
용서하라!

이 주제가 충격적이거나, 당신을 힘들게 만드는가? 이 주제를
처음 들었을 때, 나 역시 그러했다. 용서는 잘못한 행동과 죄에
대한 반응이다. 하나님은 온전하시다. 예수님이 그것을 가르치신
다 (마 5:48).

하나님을 용서하라! 이것은 너무 심한 말이지만 우리의 주목을
끈다. 왜냐하면 우리 대부분은 우리 삶 가운데 있는 실망과 상실
과 비극에서 "하나님에게서 죄를 찾기 때문"이다. 우리는 이러한
개념을 어제 생각했었다. 사랑하는 사람이 죽었을 때, 아이가 반
항하고, 결혼이 실패하며, 장애를 남기는 질병이 왔을 때, 그리고
아기가 장애아로 태어났을 때 우리는 울부짖는다 : "왜 하나님은
그렇게 하셔야만 했나요? 또는 그것을 허락하셨나요?" "만약 하
나님이 진정 나를 사랑한다면, 왜 하나님은 이런 일이 일어나게
하셔야 하나요?"

이런 환경에서 우리의 본능은 하나님을 우리 개인의 심판의 법정

앞에 소환한다. 우리는 하나님을 비난하고, 그가 하셨다고 우리가 생각한 것에 대해 그의 죄를 판단하고, 그렇게 함으로 그분을 벌하는 상상까지도 한다.

하나님은 죄가 없으시다. 그러나 우리 마음 안에서 그분은 죄인이다. 분리의 벽이 우리의 생각 가운데 세워졌다. 우리가 하나님을 판단하고 책임을 물을 때 해로운 독이 우리 마음과 정신에 퍼진다. 물론 하나님을 바꾸거나 벌하지는 못하지만, 이러한 어리석은 법정 장면은 우리를 교묘하게 타락시키며, 궁극적으로는 하나님과의 관계를 소원하게 만든다.

이제 우리가 하나님을 용서해야만 한다고 생각하는 부분이 여기에 있다. 그것은 하나님은 어떤 잘못도 하지 않으셨기에 그분이 하신 일을 용서하라는 것이 아니라, 우리의 *관점* 안에서 그분이 하셨다고 혹은 하지 않으셨다고 생각한 것을 용서하라는 것이다. 다른 말로 하면, 우리의 마음 속에 있는 유감 혹은 판단, 하나님 아버지에 대항하여 요구했던 모든 것을 지워버려야 한다.

이 용서는 하나님의 유익을 위한 것이 아니라 우리의 유익을 위한 것이다. 그것은 완전하신 하나님을 깨끗하게 만들거나 또는 그분에게 있는 어떤 잘못을 용서하지 않는 것이 아니다. 왜냐하면 그분은 어떠한 잘못도 행할 수 없는 분이시기 때문이다. 그러나 우리는 하나님을 "용서함"으로 우리 자신을 깨끗하게 한다. 왜냐하면 우리의 정신과 마음의 기억 창고에 있어서는 안 될 것들을 깨끗하게 하기 때문이다 (Beers, p. 17).

묵상하고 기록하기

서로 인자하게 하며, 불쌍히 여기며, 서로 용서하기를 하나님이 그리스도 안에서 너희를 용서하심과 같이 하라.

에베소서 4:32

"하나님을 용서하라"는 것은 우리가 생각하기에 너무나 낯선 개념이기에, 당신이 할 수 있는 것보다 더 많은 생각을 떠올릴 수 있을 것이다. 그 개념은 필요하지 않을 수 있다. 그러나 그 개념에 대해 생각해 보라. 그리고 원한다면 그렇게 해 보라. 과거 경험을 보라. 하나님을 원망했던 상처와 고통이 있는가 ? 아주 신중하게 기도하면서 하나님을 용서하라.

하루 동안

하나님을 용서한다는 이 개념은 대부분의 사람들에게 낯설다. 이 개념을 소개할 필요가 있는 하나님을 원망해 온 사람을 알고 있는가? 오늘 이 개념을 소개하라.

일곱째 날　아침에는 기쁨이 오리로다

여호와여, 내가 주를 높일 것은 주께서 나를 끌어 내사,
　내 대적으로 나를 인하여 기뻐하지 못하게 하심이니이다.
여호와 내 하나님이여, 내가 주께 부르짖으매,
　나를 고치셨나이다.
여호와여, 주께서 내 영혼을 음부에서 끌어 내어,
　나를 살리사 무덤으로 내려가지 않게 하셨나이다.

주의 성도들아, 여호와를 찬송하며,
　그 거룩한 이름에 감사할지어다.

그 노염은 잠깐이요,
　그 은총은 평생이로다.
저녁에는 울음이 기숙할지라도
아침에는 기쁨이 오리로다.

시편 30:1-5

모든 시편 가운데 내가 가장 좋아하는 구절은 다음 구절이다. "저녁에는 울음이 기숙할지라도 아침에는 기쁨이 오리로다." 이것은 우리가 붙잡고 갈 필요가 있는 약속이다.

사람은 중대한 상실의 경험에서 결코 *완전히* 회복되지 못한다. 왜냐하면 항상 감정적으로 상처받기 쉬운 부분들이 존재하기 때문이다. 우리 대부분은 주머니 속에 우리의 남은 삶에 있게 될 얼마간의 슬픔이 담긴 옷을 입는다. 그러나 모든 주머니가 슬픔으로 채워지지는 않으며, 그 옷은 오래되면 될수록 해결되지 않은 슬픔이 줄어들어서 훨씬 가볍게 될 것으로 기대된다 (Stearns, p. 152).

앤 카이저 스턴스는 이와 같이 기술한 뒤, 개인적인 고백을 나눈다.

때때로 그 주머니 안에 있는 슬픔은 문제가 된다. 오래 된 슬픔은 항상 잠복해 있지 않으며 다만 해가 되기도 한다. 남편과 헤어진 이후 내가 다른 남자와 사랑에 빠졌던 경우에, 그 오래된 슬픔은 다시 일어났다. 또 다른 상실에 대한 두려움이 있다....
　사람의 관점은 끊임없는 상실의 경험에 의해 바뀐다: 그 후에 파국을 상상하는 것은 아주 쉽다. 내 남편의 성격에 있는 지배적인 특성 중 여섯 가지를 적당하게 닮은 어떤 남자는 나의 남편과 비교하지 않는다. 그러나 나는 그 둘을 비교하는 것이 두려워서 뒤로 일곱 번 큰 걸음으로 물러난다. 그것은 상처가 남는 방법 중 하나이다. 일반적으로 나는 그 상황을 재평가할 것이고, 다시 앞으로 일곱 번 큰 걸음을 걸어 나갈 것을 안다. 그러나 자동적으로 그렇게 되지는 않는다. 진정한 노력은 때때로 두려움에 대항해서 움직이는 것이 요구된다 (Stearns, pp. 152-53).

우리가 가장 잘 알아야 할 필요가 있는 것과 가장 먼저 인식해야 할 것은 하나님의 사랑에 대한 경험이다. 그러나 우리가 어떻게 그렇게 할 수 있는가? 나는 그렇게 하는 데 도움이 되는 네 가지 요소를 찾았다.

첫째, 성경의 증거에 깊이 빠져들 필요가 있다.
성경에서 압도하는 메시지는 하나님이 진정으로 우리를 사랑하신다는 것이다. 하나님은 우리를 사랑하시며, 우리가 훌륭해서가 아니라, 우리를 있는 그래도 사랑하시며, 우리가 있는 곳에서 하나님의 사랑이 우리에게 미친다는 사실을 우리는 성경에서 반복해서 찾아볼 수 있다. 이사야는 하나님의 사랑의 모습을 표현할 때 감정을 자극하는 상징을 사용하여 표현하였다: "여인이 어찌 그 젖 먹는 자식을 잊겠으며, 자기 태에서 난 아들을 긍휼히 여기지 않겠느냐? 그들은 혹시 잊을지라도 나는 너를 잊지 아니할 것이라" (사 49:15).
하나님의 사랑에 대한 경험을 유지하는 데 두 번째로 도움이 되는 것은 나의 기억이다.
시편 기자는 이것을 계속 반복해서 증명하고 있다. 시편 기자들은 "마음을 찌르는" 존재, "시기하고 교만한" 존재, "고민하고 고통스러운" 존재, "내 영혼"을 낙담시키는 존재…도망칠 수 없이 간혀진 "황폐한 곳의 부엉이와 같은" 존재, 슬픔으로 어두워진 눈을 가

진 존재에 대해서 이야기한다. 외로움의 울부짖음과 절망의 신음 소리가 나는 가운데서 그들은 기쁜 환희를 맛본다. 슬픔에서 찬양으로 바뀐 것은 *나는 주의 행위를 따를 것이니이다*와 같은 말씀에 사로잡힌 기억 때문이다.

기억이 하나님의 사랑을 경험하는 데 도움을 준다는 것은 나에게 사실이었다. 나는 하나님이 나를 사랑하신다는 것을 의심하지 않았던 때를 떠올릴 수 있다. 나의 회심의 경험; 어머니가 악성 종양으로 고통 가운데 계실 때 하나님의 사랑을 어머니와 가족에게 지속시킨 일; 다리가 부러지고, 갈비뼈가 부러지며, 폐에 구멍이 나고 망가졌던 자동차 사고 후의 오랜 회복의 기간은 모두 나의 기억 속에 남아 있는 극적인 경험들이며, 하나님의 사랑에 대한 증거이다.

하나님의 사랑에 대한 인식을 유지하는 데 도움을 준 세 번째는 하나님의 사랑을 받은 다른 사람들과의 관계이다....

하나님의 사랑의 통로가 되는 다른 사람들은 우리의 공부 과정에 필수적이다. 많은 사랑, 실제로 다른 사람으로부터 내게 오는 대부분의 사랑은 그들을 통해 내게 오는 하나님의 사랑이라고 나는 담대히 말할 수 있다.

어떤 사람이 무심코 나를 사랑할 때; 내가 사랑을 받을 가치가 없지만 사랑을 받을 때; 내가 다른 사람에게 깊게 상처를 줄 때; 혹은 다른 사람의 감정과 필요에 무감각해 왔을 때; 내가 다른 사람의 고통과 접촉에 대해 무감각해 왔을 때; 그러나 사랑받고 받아들여질 때; 나는 이것을 나에 대한 하나님의 사랑으로 경험한다....

하나님의 사랑의 경험을 유지하는 데 도움을 준 네 번째는 하나님의 증거이다.

이 증거는 내가 방금 말했던 대로, 우리의 기억 안에 경험된 사건이지만 다시 끄집어 낼 수 있는 사건이다. 그러나 또한 *사건만이 아니라*, 거의 "신비스럽다"고 할 수 있는 경험들이기도 하다.

이것은 일반적으로 우리 존재의 깊은 곳에서 하나님의 사랑에 대
한 확신을 우리가 듣고 느끼는 한 순간이고 짧은 시간의 경험을
가리킨다 (Dunnam, *The Sanctuary for Lent 1981*, pp. 8-11).

만약 우리가 하나님의 사랑의 경험을 유지할 수만 있다면, 우
리는 외로움, 상실, 슬픔과 죽음을 극복해 나갈 수 있다. 그것은
우리가 고통받지 않거나 울지 않을 것이라는 의미가 아니다. 우
리는 고통받거나 울 수 있다. 그러나 시편 기자의 확신은 우리의
것이 될 것이다. "저녁에는 울음이 기숙할지라도 아침에는 기쁨
이 오리로다."

묵상하고 기록하기

우리가 하나님의 사랑의 경험을 유지하는 방법 중 하나는 우리
의 *기억*이다. 당신 자신이 살아온 모습을 생각해 보라. 하나님이
당신을 사랑하신다는 것에 대해 의심하지 않았던 하나의 생생한
경험을 떠올리라. 그리고 여기에 그 경험을 기록하라.

하나님의 사랑을 받은 사람들과의 관계는 하나님의 사랑에 대
한 인식이 유지되게 하는 한 방법이다. 그 방법으로 당신을 사랑

했던 두세 사람의 이름을 기록하라.

-------------------- -------------------- --------------------

하루 동안

오늘 그 사람들과 만나고, 하나님의 사랑을 당신에게 상기시켜
준 것에 대해 감사하라.

넷째 주를 위한 그룹 모임

도 입

바울은 빌립보 교인들에게 "오직 너희는 그리스도 복음에 합당
하게 생활하라"(빌 1:27)고 했다. 우리 대부분은 이와 같은 의도
적인 그룹에서 발생하는 대화의 역동적인 잠재력을 아직 보지 못
하였다. 흠정역 성경에서 사용된 *생활*이라는 말에 해당하는 엘리
자베스 여왕 시대의 단어는 *대화*이다. 그래서 바울이 그 단어를
빌립보 교인들에게 사용한 것이다. 생활은 하나님과의 교제 그리
고 다른 사람들과의 대화에서 발견된다.

그러므로 이러한 생활의 교류라는 깊은 의미를 내포하고 있다

는 사실을 인식하며 듣고 말하는 것은 쉽지 않다. 이번 주 우리가 강조한 주제는 외로움, 상실, 슬픔, 죽음이다. 사람들은 쉽게 말할 수 없는 이러한 깊은 경험들을 가지고 있다. 그러므로 우리가 듣고 들은 것에 반응하는 것은 매우 중요하다. 다른 사람의 말을 실제로 듣는 것은 치유에 도움을 줄 수 있다. 그러므로 듣는다는 것은 사랑의 행위이다. 의미 깊게 경청하는 것은 "나는 당신이 말하는 것을 들을 것이며, 당신의 말을 받아들임으로 당신을 받아들일 것입니다"라고 하면서 다른 사람에게 우리 자신을 복종시키는 것이다. 의미 깊게 말하는 것은 우리가 다른 사람을 위하여 말하는 것이며, 그렇게 함으로 완전한 과정으로 나가는 것이다.

함께 나누기

1. 외로움, 상실, 슬픔, 죽음 안에 숨어 있는 감정으로 두려움을 버리는 것에 대하여 5분에서 10분 가량 토의함으로 이 시간을 시작하라.

2. 그룹 안에 많은 구성원들로 하여금 "함정"에 빠졌거나 버림받았다고 느낀 경험을 나누도록 하라.

3. 셋째 날, 당신은 가장 처절하고 황폐한 외로움의 경험을 떠올리고 기록하였다. 그 경험을 기꺼이 나눌 사람이 있는지 물어보라.

4. 아마 자신의 외로운 경험을 나누지 않는 사람들은 셋째 날 그들이 자신들의 경험을 간략하게 표현한 것, 즉 "내가 가장 외로웠을 때 내가 하고 싶었던 것은 ____________"라는 문장은

기꺼이 나눌 수 있을 것이다.

5. 열등감과 우리 스스로 알 수 없는 것을 받아들이지 않는 나눔의 두 가지 장벽에 대해 몇 분간 이야기를 나누라. 이미 나눈 외로움의 경험들을 언급하라. 거기에 우리로 하여금 우리의 외로움을 다른 사람들에게 나누지 못하게 하는 무슨 장벽이 있는가?

6. 넷째 날, 우리는 용서받아야 할 죄와 치유될 필요가 있는 고통스러운 상처의 차이를 알아야 할 필요에 대해 공부했다. 우리는 이 두 가지를 어떻게 혼돈하고 있으며, 그래서 우리의 고통에 어떻게 도움이 되지 못했는지 몇 분간 나누라.

7. 넷째 날 제안했던 내적인 상처의 치유를 위한 기도를 연습한 사람이 있는가? 그룹 안에서 그 경험을 나누라.

8. "하나님을 용서하라"는 개념에 그룹 구성원들이 어떻게 반응했는지에 관하여 나누라. 개인적인 경험을 나누도록 하라. 누군가 그러한 경험을 했다면 그것을 나누도록 하라.

9. "아침에는 기쁨이 오리로다"라는 확신을 가지고 분명한 하나님의 사랑을 경험한 사람에게 그 경험을 나누도록 요청하며 이 시간을 마무리하라.

함께 기도하기

합심기도는 기독교 공동체의 가장 큰 축복 중 하나이다. 그것을 *긍정하는 것*과 *경험하는 것*은 별개의 문제이다. 그 축복을 경험하기 위해서 우리는 가능성을 가지고 실천해야 한다. 당신은 이제 조금 더 담대해져서 좀더 마음을 열고 친밀하게 나눔으로 합심기도의 가능성을 안고 그 기도를 실천해 보겠는가?

1. 그룹 안에 있는 각 구성원에게 외로움, 상실, 슬픔 또는 죽음과 연관된 한 가지의 기도 제목을 나누게 하라. 그것은 그들이 현재 직면하고 있는 상황이거나 과거의 경험에서 온 고통일 수 있다. 이렇게 나눌 때, 다른 구성원들은 종이에 메모하는 것이 지금 기도하는 데 도움이 될 수 있고, 또한 앞으로 계획적으로 기도할 때도 도움이 될 것이다.

2. 이러한 나눔을 통해서 당신이 이미 합심기도를 하였다는 것은 중요하다. 그러나 영적인 순례의 길을 가는 같은 동료들이 있는 곳에서 하나님에 대해 생각하고 느낀 것을 말로 표현하는 것은 능력 있는 일이다. 이제 이러한 가능성을 가지고 합심기도를 실천해 보라.

    A. 인도자는 각 구성원을 호명하고, 한 사람을 호명한 후에는 그 사람이 나누었던 것에 초점을 맞추어 짧게 소리 내어 기도하도록 조금의 시간의 간격을 두라. 그 기도는 "주님, ○○이 ________의 죽음으로 아직까지 느끼고 있는 상실감을 제거해 주십시오." "사랑의 하나님, ○○이 _______에 대해 가지고 있는 고통에 치유의 능력을 주옵소서"와 같이 간단해야 한다.

    B. 모든 사람의 이름이 호명되고 모든 사람을 위한 기도가 끝나면, 공동체 안에서 우리의 사랑의 힘을 펼쳐 나가기 위해 2분 동안 조용히 앉아 있어라. 서로 관심을 갖게 된 사

람들과 함께 하고 있다는 것을 *즐겨라.*

3. 적절한 때에 인도자나 혹은 이미 인도자가 지명한 사람이 이 기도의 시간을 끝마치게 하라. 그리고 그룹 구성원들과 함께 넷째 날 제시했던, 고통스러운 내적인 상처를 치유하기 위한 기도의 네 단계를 실습하라. 이 기도를 인도하는 사람은 구성원들이 편안하게 앉아서 눈을 감게 하고, 천천히 그 기도의 단계들을 읽어 주고, 각 단계에 그들이 해야할 것을 실제로 할 수 있도록 조용한 시간을 주라. 그리고 "아멘"이라고 말하며 그 시간을 마치라.

우울증

5

첫째 날   수렁

내가 여호와를 기다리고 기다렸더니,
　귀를 기울이사 나의 부르짖음을 들으셨도다.
나를 기가 막힐 웅덩이와
　수렁에서 끌어올리시고,
내 발을 반석 위에 두사,
　내 걸음을 견고케 하셨도다.

시편 40:1-2

　진흙투성이의 수렁, 여기에 능력 있는 모습이 있다. 만약 당신이 서부 미시시피나 루이지애나의 늪을 안다면 그것을 더 강하게 느낄 것이다. 사람들은 그 늪을 스코틀랜드와 아일랜드에 있는 수렁이라고 부른다. 우리는 그것들을 늪 혹은 습지라고 부른다. 우리는 그 단어를 가지고 어려운 상황을 묘사하기 위해 "아래로"라는 단어와 연결한다. *차가 모래사장이나 진흙의 수렁 아래로 빠져들었다.* 존은 그의 아내를 잃은 슬픔의 수렁 아래로 *빠진다.*

시편 기자는 이와 유사한 모습을 사용하며 반복함으로 강하게 의사 전달을 한다. "여호와는 나를 가가 막힐 웅덩이에서 끌어내신다." 이것을 이해할 수 있는가? 그것은 충분히 강한 표현인가? 그리고 나서 이것을 살펴보라. "진흙투성이의 수렁 밖으로" 이것은 강한 능력을 나타낸다.

수렁은 사전에서 "축축하고 푹신푹신한 땅"으로 정의되어 있다. 명사로서 *진흙투성이*는 그 의미가 훨씬 더 강하다. 그것은 "축축한 물기가 있는 지역, 아래로 꺼지는 땅, 질퍽질퍽한 땅, 깊은 진흙 혹은 진창"으로 정의된다.

그러므로 시편 기자가 그 두 개의 단어를 함께 둔 것은 가능한 한 강한 의미를 전달하기 위해서이다. 그리고 그것은 이번 주에 우리가 살펴보려는 우울증을 표현하는 좋은 묘사이다. 우리가 우울해질 때 우리는 깊은 웅덩이에 있는 것을 느끼며, 슬픔과 비탄, 낙담과 무기력함의 수렁에 빠진다.

우울증은 오늘날 미국에서 가장 흔한 감정적 문제이다. 그것은 전체의 감정을 위협하는 "일상적인 감기"와 같은 것이다. 병원은 심한 우울 증세를 가진 사람들로 가득하다. 그러나 이 우울증 때문에 의사의 지시에 따라 입원하는 사람은 그것으로 고생하고 있는 사람의 일부분이며, 이 수는 그 사람들을 효율적으로 수용할 수 있는 최고의 수치에 훨씬 밑도는 수치이다.

기원전 4세기에 히포크라테스(Hipocrates)는 "우울증"이라는 용어를 만들어냈다.

우리는 종종 그것을 "침울," "침체" 혹은 "침울한 느낌"으로 언급한다. 그런데 보다 정확하게 말하면, 그 경험은 우울증이다. 그리고 그것은 단지 특별한 계층에 있는 사람들의 문제가 아니다. 우울증은 부유한 사람이나 가난한 사람 모두가 걸릴 수 있다. 그것은 종족이나 국적을 문제삼지 않는다. 젊은이들도 거의 성인들만큼 많이 고통을 받고 있다. (당신은 자살이 십대들의 죽음의 원인 중 두 번째라는 것을 아는가?)

어떤 사람들에게 우울증은 일시적인 사건이지만, 다른 사람들에게는 만성인 사건이다. 어떤 사람들에게 우울증은 전문적이고 의학적인 정신과 의사의 도움이 필요할 정도로 심하지만, 또 다른 사람에게 그것은 가벼운 증상이기도 하다. 그러나 우울증은 여전히 삶을 거칠게 압박할 만큼 충분히 강력하다.

심한 우울증은 우리의 역할을 감당하지 못하게 한다. 우울증이 훨씬 가벼운 형태로 찾아오더라도, 그것은 우리의 삶을 회색으로 칠하며 우리에게서 기쁨과 삶의 의미를 빼앗아간다.

우울증에 대한 생의학 처방법의 개척자였던 의사 나단 클라인(Nathan S. Kline)은 『슬픔에서 기쁨으로』(From Sad to Glad)라는 제목의 계몽적인 책을 썼다. 그는 우울증에 대해 다음과 같은 도움이 되는 견해를 피력해 준다.

우울증은 아주 일상적인 감정적 반응과는 달리 확대되고 부적당한 표현으로 정의될 수 있을 것이다. 물론, 그것은 많은 다른 병과

같은 것이다. 비유하면, 방금 가파른 언덕을 뛰어 오른 사람이 쿵
쾅거리는 심장의 고동을 느끼는 것과 같다. 만약 그러한 심장의
고동이 평상시 걷는 데 발생된다면, 결정적으로 무엇인가 잘못된
것이다. 역시 우울증도 그렇다. 우리 모두는 특별한 환경에 대한
자연스러운 반응으로 슬픔, 고독, 비관 그리고 불확실한 것을 경
험한다. 우울한 사람들에게는 이런 감정이 그들 전체를 지배한
다; 그것은 아주 작은 사건에 의해 야기될 수 있고, 혹은 어떤 외
부적 원인과의 뚜렷한 관계없이 일어날 수도 있다. 때때로 우울한
사람은 설명할 수 없는 갑작스런 눈물을 흘릴 수 있거나 또는 그
눈물을 다소 지속할 수도 있다 (Kline, pp. 6-7).

이미 지적한 것처럼, 고통의 수준은 우울증의 다양성에 좌우된
다. 클라인 박사에 의하면, 어떤 사람들은 단지 그들이 "대부분의
시간을 우울하게 느낀다"라는 것을 어렴풋이 깨닫는다. 우울증은
기쁨의 경험이 불가능할 만큼 그렇게 심하게 고통스럽지는 않다.
그러나 어떤 사람들에게 고통은 무척 심하다. "그들은 누군가
가 그들을 지켜보는 만큼이나 눈물을 흘리고 싶을 것이다. 정말
로 어떤 사람은 아주 작은 분노에도 공공연히 운다. 그리고 어떤
사람은 감정이 전혀 없는 것처럼 가면 뒤로 고통을 감춘 채, 둔하
고 무기력하게 되면서 자신을 깊이 움츠린다. 어떤 사람은 두려
워하고 신경 과민이 된다" (Kline, p. 7).
좀처럼 어느 누구도 여기에서 제외되지 않는다. 정도의 차이가
있을 뿐, 우리 대부분은 우울증을 경험한다. 심한 우울증으로 고
생하는 사람들에게 감히 도움을 주지 말 것을 부탁한다. 위에서
인용한 클라인 박사는 우울증의 생의학적 치료법에 전념하고 있
다. 왜냐하면 우울증의 대부분의 경우는 생의학적인 장애에서 일

어난다고 믿기 때문이다. 심지어 그는 심한 우울증은 심리학자와 정신과 의사가 도움을 줄 수 있다고 생각한다. 그러한 전문가들은 그 병의 원인과 치료에 대한 자신들의 지식을 끊임없이 교정한다.

만약 당신이 심한 우울 증세가 있다면, 전문가의 도움을 구해야 하며, 나는 꼭 클라인 박사의 책을 추천하고 싶다.

내가 여기에서 다루기를 원하는 것은 우리 대부분에게 흔한 우울증의 "일반적인 것"에 관한 것이다. 정도에 따라서 이런 우울증은 우리를 무력하게 만들고, 우리의 행동을 방해하며, 우리에게서 활력을 빼앗아 가고, 우리의 생활의 일상적인 형식과 관습을 뒤집어엎으며, 우리의 확신을 손상시키고, 우리의 지각을 왜곡하며, 심지어 죄에 대한 가장 가벼운 암시조차 참을 수 없게 만들어 죄를 짓게 한다. 우리 대부분이 알고 있는 우울증은 의학적 처방을 요할 만큼 심하지 않을 수 있다. 그러나 그것은 여전히 우리의 삶을 파괴하며, 우리를 수렁에 빠뜨리고, 그리스도께서 우리에게 제공하는 풍성한 삶을 경험하지 못하게 한다. 그리스도인으로서 우울증을 극복해 나가는 것은 우리의 가장 큰 도전 중 하나이다.

묵상하고 기록하기

"나를 기가 막힐 웅덩이와 수렁에서 끌어올리시고." 당신은 이 상징을 인식할 수 있는가? 당신이 극단적으로 "수렁에 빠졌다"고 느꼈던 어떤 상황을 기록하라. 그 당시 당신이 가졌던 느낌을 되찾기 위해 그 상황을 상세히 기록하라.

『슬픔에서 기쁨으로』에서 클라인 박사는 자신의 환자들에게서 발견한 우울증의 징후로 다음과 같은 목록을 만들었다.

1. 기쁨과 즐거움이 감소됨
2. 지루함
3. 기회를 거부
4. 집중하기 어려움
5. 결정하기 어려움
6. (실패의) 기억
7. 개인의 외모를 무시
8. 사고(思考)의 지체
9. 사회적인 위축
10. 피로
11. 불면증
12. 생각에 잠김
13. 양심의 가책
14. 죄의식
15. 재정적 관심
16. 식욕과 체중 저하
17. 성 생활의 감소
18. 사랑과 애정의 쇠퇴
19. 일반적인 흥미 상실
20. 지나친 반응
21. 두려움
22. 미래에 대한 우울함
23. 염려
24. 신경 과민
25. 자멸의 생각
26. 평범하지 않은 생각과 충동
27. 육체적 변화
28. 죽는 것에 대한 관심
29. 벗어나고 싶은 필요

우리는 의학적 진단법에 관심이 없으며, 나는 분명히 정신과 의사처럼 행동하기를 원하지 않는다. 그러나 당신이 위에서 기록한 경험을 살펴보고, 만약 이런 징후들의 일부를 그 안에서 찾아볼 수 있는지 없는지를 살펴보라. 주관적인 경험을 객관적으로 보려고 노력하는 것이 당신에게 도움이 될 것이다.

하루 동안

시편 기자는 하나님이 "내 발을 반석 위에 두사, 내 걸음을 견고케 하셨도다. 새 노래 곧 우리 하나님께 올릴 찬송을 내 입에 두셨으니"(시 40:2-3)라고 확신하고 있다.

나중에 우리는 우울증을 다루는 한 가지 방법으로 찬양하는 것을 공부할 것이다. 하나님을 찬양하는 것은 우리의 삶에 힘을 제공하며, 우리의 시각을 바꾼다. 하루 동안 하나님을 찬양하는 방법들을 찾아보라.

둘째 날　하나님 앞에서 정직하게 자신을 발견하라

내 하나님이여, 내 하나님이여,
　어찌 나를 버리셨나이까?
　어찌 나를 멀리 하여 돕지 아니하옵시며,
　내 신음하는 소리를 듣지 아니하시나이까?
내 하나님이여, 내가 낮에도 부르짖고,

밤에도 잠잠치 아니하오나,
응답지 아니하시나이다.
이스라엘의 찬송 중에 거하시는 주여,
주는 거룩하시나이다.
우리 열조가 주께 의뢰하였고,
의뢰하였으므로 저희를 건지셨나이다.
저희가 주께 부르짖어 구원을 얻고,
주께 의뢰하여 수치를 당치 아니하였나이다.
나는 벌레요, 사람이 아니라.
사람의 훼방거리요, 백성의 조롱거리이니이다.
나를 보는 자는 다 비웃으며,
입술을 비쭉이고, 머리를 흔들며 말하되,
저가 여호와께 의탁하니 구원하실 걸,
저를 기뻐하시니 건지실 걸 하나이다.
오직 주께서 나를 모태에서 나오게 하시고,
내 모친의 젖을 먹을 때에 의지하게 하셨나이다.
내가 날 때부터 주께 맡긴 바 되었고,
모태에서 나올 때부터 주는 내 하나님이 되셨사오니,
나를 멀리하지 마옵소서.
환란이 가깝고,
도울 자 없나이다.
많은 황소가 나를 에워싸며,
바산의 힘센 소들이 나를 둘렀으며,
내게 그 입을 벌림이
찢고 부르짖는 사자 같으니이다.
나는 물 같이 쏟아졌으며,
내 모든 뼈는 어그러졌으며,
내 마음은 촛밀 같아서
내 속에서 녹았으며,
내 힘이 말라 질 그릇 조각 같고,
내 혀가 잇틀에 붙었나이다.

주께서 또 나를 사망의 진토에 두셨나이다.
개들이 나를 에워쌌으며,
　악한 무리가 나를 둘러
　내 수족을 찔렀나이다.
내가 내 모든 뼈를 셀 수 있나이다.
　저희가 나를 주목하여 보고,
내 겉옷을 나누며,
　속옷을 제비 뽑나이다.
여호와여, 멀리하지 마옵소서!
　나의 힘이시여, 속히 나를 도우소서.
내 영혼을 칼에서 건지시며,
　내 유일한 것을 개의 세력에서 구하소서!
나를 사자 입에서 구하소서.
　주께서 내게 응락하시고, 들소 뿔에서 구원하셨나이다.
내가 주의 이름을 형제에게 선포하고
　회중에서 주를 찬송하리이다.

시편 22:1-22

　당신은 이 시편을 읽으며 작가가 심한 우울 증세가 있다는 것을 알 수 있다. 그가 첫 번째 말한 것은 우울증을 다루는 데 통찰력을 우리에게 제공한다. 그는 자신을 정직하게 표현한다. 그는 하나님의 현존 안에서 *자신의 위치를 발견한다.* "내 하나님이여, 내 하나님이여, 어찌 나를 버리셨나이까?"

　나는 시카고의 로욜라대학교(Loyola University)에서 가르치며, 오늘날 세계적으로 가장 영향력 있는 그리스도인 기고가 중 한 분인 예수회 사제인 존 포웰 (John Powell) 신부와 가졌던 멋진 대화를 기억한다. 우리가 기도에 대해서 이야기를 나누고 있었을 때, 존 포웰은 하나님 앞에서 우리 자신을 정직하게 발견하는 것에 대한 필요성을 강조했다. 나는 그가 말한 방법을 결코 잊지 못할 것이다. 종종 그는 아침에 일어날 때, 그 날을 시작하기가 굉장히 어렵다는 것을 발견한다. 그래서 그는 소리 내어 주님께 말한다. "주님, 저는 오늘 사제가 되고 싶지 않습니다; 오고 싶을 때 와서 나를 요구하고, 원하는 것을 가지고 떠나면서, 가끔은 '감사합니다'라는 소리조차 하지 않는, 모든 사람이 사용하는 도시의 펌프와 같은 일을 하고 싶지 않습니다. 나는 도시의 펌프가 되고 싶지 않습니다."

이것이 내가 말하고자 하는 것이다. 우리는 정직하게 하나님 앞에서 우리 자신을 발견할 필요가 있다. 시편 기자는 정말로 정직하다. 심지어 그는 하나님이 자신을 버린 이유를 묻는 범위를 넘어선다. 그는 부르짖는다, "내 하나님이여, 내가 낮에도 부르짖고, 밤에도 잠잠치 아니하오나, 응답지 아니하시나이다."

그리스도인이 갖은 문제 중 하나는 우리가 정상 위에 있지 않다는 것을 인정할 때, 우리는 그리스도인의 경험에 굉장히 잘못된 무언가가 있을 것이라고 생각하는 것이다. 어느 정도 널리 퍼져 있는 개념은 그리스도인은 항상 성장해야 하고, 항상 으뜸이 되어야 하며, 결코 신앙이 떨어져서는 안 되고, 확실히 하나님의 현존에 대해서 결코 의심하지 않아야 한다는 것이다 (나는 사단이 우리에게 장난치는 것이라고 생각한다). 많은 그리스도인들이 예수님조차 그렇게 하지 않으셨던 모델에 자신을 맞추어 가는 이러한 모습에서, 사단이 얼마나 힘이 있는가를 볼 수 있다. 당신은 예수님이 땀을 피처럼 흘리셨던 겟세마네를 기억하는가? 시편 기자가 고백한 것 같이 "나의 하나님, 나의 하나님, 어찌하여 나를 버리시나이까?"라고 외쳤던 십자가를 기억하는가? 절망과 우울증의 감정이 어떠하든지 우리는 이와 같은 좋은 선구자들을 가지고 있다. 만약 우리가 우울증을 다루려 한다면, 우리는 우리 자신을 하나님 앞에서 정직하게 발견할 필요가 있다.

여기에 아주 좋은 현대의 예화가 있다. 디오도르 파커 페리스(Theodore Parker Ferris)는 금세기의 위대한 기독교 사역자 중한 사람이었다. 표면적으로 그는 조용하고 침착한 사람이었다. 그는 연설이나 글을 통해서 청중들과 독자들에게 용기와 희망을 주며 믿음을 분명하게 표현하는 방법을 갖고 있었다. 그가 죽은 후 그의 직원들 가운데 몇 명이 그의 파일을 정리하고 있었다. 그들은 우연히 페리스가 친필로 쓴 기도문을 발견하였다. 그것은 비행기를 타고 가면서 휴지 뒤쪽에 쓴 글이었다.

주 예수님, 저는 제가 다른 사람을 도왔던 방식대로
　　제 자신을 돕기를 원합니다.
저는 그들에게 제가 갖고 있지 않은 자신감을 줄 수 있습니다.
저는 제 자신에게는 할 수 없지만,
　　그들이 가지고 있는 걱정들을 잠재울 수 있습니다.
제가 부족한 것이 무엇입니까?
혹은 그것이 저의 본래의 모습입니까?

저는 두려움 없이 이곳에서 저곳으로 자유롭게 옮겨 다니기를 원합니다. 그리고 어떠한 공포 없이 되어지는 일에 대처하기를 원합니다. 당신이 그렇게 하셨고, 다른 사람이 그렇게 하는 것이 가능하도록 당신이 만드셨습니다. 당신은 약을 의지하지 않으셨습니다. 당신은 하나님 아버지를 의뢰하셨습니다. 당신은 삶으로부터 돌아서지 않으셨고, 고통이나 죽음을 구하지도 않으셨습니다. 당신은 매일의 시간을 있는 그대로 보내셨으며, 저도 그와 같이 하고 싶습니다. 그러나 저 혼자는 할 수 없습니다.

저는 당신이 저와 함께 할 수 있고, 제 안에 계시며, 당신의 도움으로 제가 더 잘 할 수 있다고 생각하고 싶습니다. 이것이 내가 원하는 것이고, 구하는 것입니다.

설교에서 이 기도문을 인용하였던 클라렌스 포스버그(Clarence Forsberg)는 페리스에 대해 이렇게 말했다.

나의 공부방 벽에는 그의 초상화가 걸려 있다. 나는 그의 설교를 신실하게 읽었고 설교와 인쇄된 글을 통해 그가 표현하고 있는 조용한 자신감과 확신에 놀랐다. 나는 그와 같이 되기를 원했다. 나는 그가 가졌던 평안함과 믿음을 갖기 원했다. 만일 당신이 디오도르 파커 페리스가 설교하였을 때 보스턴에 있는 트리니티교회(Trinity Church)를 방문했다면, 나는 수많은 사람들이 느꼈던 동일한 감정을 가지고 그 곳을 떠날 수 있었을 것이라고 생각한다. 그러나 그는 다른 사람이 자신감을 가질 수 있도록 도울 수 있었지만, 자신이 늘 자신감을 갖고 있었던 것은 아니라고 고백하였다 (Forsberg, 1982년 9월 5일).

묵상하고 기록하기

어제 공부한 것으로 돌아가서, 클라인 박사가 제시한 우울증의 징후의 목록을 읽어라. 그것들을 읽을 때, 당신이 느끼는 비극적

인 감정의 일부를 점검하라. 그리고 나서 당신이 느끼는 감정이
어떠한 것인지를 하나님께 정확하게 말하면서 여기에 기도문을
작성하라.

하루 동안

찬양하라는 어제의 가르침을 다시 읽고, 오늘 그것을 계속하라.

셋째 날　　"나는 벌레요 사람이 아니라"

어제의 교재로 돌아가라. 그리고 시편 22편의 처음 11절을 읽
어라. 얼마나 생생하게 표현된 말씀인가: "나는 벌레요, 사람이
아니라. 사람의 훼방거리요, 백성의 조롱거리니이다."
이 시편이 우울증의 문제에 대해 너무 분명하고 정직하게 말해
주고 있기에 우리는 계속 이 시편을 다룬다. 당신은 작가가 심한
우울증이 있었다는 것을 깨닫지 않고서는 다시 이 시편을 읽을

수 없다. 그에게 일어났던 것들 중 하나, 즉 *우리의 자아의 가치가 훼손되는 것과 같은 것*이 우리에게도 일어난다.

낮은 자아 가치가 우울증을 가져오는가, 아니면 우울증이 낮은 자아 가치를 가져오는가의 문제는 "닭이 먼저인가 달걀이 먼저인가" 하는 문제와 같다. 그것은 풀릴 수 없다. 무가치의 감정과 우울증의 관계는 팽팽하다. "나는 벌레요, 사람이 아니라"고 시편 기자는 말한다.

자아 가치가 훼손되는 두려움은 우리 대부분이 갖고 있다. 그것을 점검하라. 당신은 그것이 두려운가?

▶ 다른 사람들이 당신을 매력적이지 않다고 생각한다.

▶ 당신은 당신의 동년배들만큼 성공하지 않았다.

▶ 당신은 종종 바보처럼 되어간다.

▶ 나이가 너무 많아 당신은 더 이상 소용이 없다.

▶ 당신은 어리고 순진하여, 사람들이 당신에게 귀를 기울이지 않는다.

▶ 당신은 성적 매력이 없다.

▶ 당신은 너무 성적인 강박 관념에 사로잡혀 있다.

▶ 당신의 학력은 당신의 친구들의 것과 비교가 되지 않는다.

▶ 당신은 교양이 없다.

▶ 당신은 다른 사람이 당신을 생각하는 만큼 훌륭한 그리스도인이 아니며, 혹은 당신이 가지고 있는 기준만큼 훌륭한 그리스도인도 아니다.

▶ 하나님이 당신을 인정하지 않으시는가?

우울증 징후의 일부는 이러한 두려움이 우리의 생각을 사로잡아서 널리 퍼지게 한다.

우리는 우리의 가치, 우리의 자아의 가치가 우리가 가지고 있는 것이나 우리가 어떻게 행하느냐에 있지 않고 하나님과 다른 사람과의 우리의 관계에 있다는 진리를 붙잡아야만 한다. 의미는 소속으로부터 온다. 내가 가장 좋아하는 성경 구절 중 하나는 누가복음 12장 32절이다: "적은 무리여, 두려워 말라. 너희 아버지께서 그 나라를 너희에게 주시기를 기뻐하시느니라." 이 구절이 당신을 기쁘게 하지 않는가? 얼마나 믿음직한 소망인가! 우리가 돈을 갖고 있든 아니든, 영리하든, 아름답든, 교양이 있든, 촌스럽든, 젊든 나이가 들었든, 실행력이 뛰어난 사람이든, 작은 것을 꾸준히 행하는 사람이든, 그것은 문제가 안 된다. 하늘나라는 그리스도에게 속해 있는 우리의 것이다.

아직 우리의 소속을 알기에는 충분하지 않다. 우리는 다른 사람을 돌보기 위해서 소명을 받았다는 것을 깨달을 필요가 있다. 나는 다른 사람을 돌보며 그 사람의 삶을 의미 있게 하는 것보다 우리의 삶에 더 의미를 주거나 우울증을 없앨 수 있는 더 좋은 방법이 있는지 의심스럽다. 당신을 하나님이 사용하실 때 당신이 느낄 수 있는 그보다 더 큰 기쁨은 없다고 나는 확신한다.

내 친구인 켄 킹혼(Ken Kinghorn) 박사는 존이라는 친구에 대해 말했다. 존은 교육과 부에 있어서는 보통 사람이다. 그러나 그는 하나님께 헌신된 사람이고, 성령의 인도하심에 예민한 사람이어서, 미국에서 탁월한 기독교 대학교 중 한 대학교의 대학 위원회에서 일하도록 초청받을 수 있었다. 한 번은 그가 소속된 위원회의 재정위원들이 회의를 하고 있었다. 보통 때처럼, 그 대화는 투자에 관해서만 이야기가 진행되었다. 모든 사람은 그들의 자본에 대해서 이야기하고 있는 중이었다. 마침내 그 대화는 존에게 초점이 맞추어졌고, 그들은 존에게 무엇을 투자할 수 있는지 물었다. 그는 어떤 좋은 것을 가지고 있었을까?

간사함 없이 "확신 있는" 분명한 소리로 존은 말했다. "예, 우리는 실제로 빚진 것을 전부 갚을 수 있는 훌륭한 투자를 했습니다. 우리는 아프리카에서 미국으로 한 어린 소녀를 데려왔습니다. 그녀는 잠시 동안 우리와 함께 살았고, 그 후 우리는 그녀를 대학에 보냈으며 그녀의 교육비를 냈습니다. 그녀는 지금 아프리카로 돌아가서, 교회뿐만 아니라 자기 나라에 굉장한 공헌을 하고 있습니다. 그것은 우리가 한 좋은 투자 중 하나였습니다."

"그리고 팀(Tim)이라는 사람이 있었습니다. 그는 마약에 연루되어 있었고, 사실 마약 환자였습니다. 아무도 그가 어떤 것을 할 수 있을 것이라고 생각하는 사람이 없었고, 심지어는 사실상 아무도 그를 돌보아 주지 않는 것 같았습니다. 우리는 그를 우리의 집으로 데려왔습니다. 그렇게 하는 것이 큰 위험이라는 것을 알면서요. 우리는 그를 위해 많은 일을 할 수 있을 것이라고 생각하지는 않았습니다. 그러나 우리는 그가 원한다면 기회를 주고, 노력해 보고, 그를 사랑하도록 하나님의 부르심을 받았다고 느꼈습니다. 글쎄요, 이제 팀은 마약을 그만 두었습니다. 그는 아주 창조적이고 열매 맺는 삶을 살고 있습니다. 그는 몇 년 전에 결혼했습니다. 사랑스런 그리스도인 자매와 결혼했습니다. 그는 직업을 갖게 되었고, 자기 아내를 부양할 수 있게 되었습니다. 우리는 그가 행복한 가정을 갖기를 기대하고 있습니다. 팀은 우리의 더 나은 투자 중에 하나였습니다."

나는 존이 우울증과 한판의 승부를 겨루었다고 확신한다. 그러나 나는 그러한 일들이 우리 대부분에게 자주 일어나지 않는다고 생각한다. 나는 존이 때때로 자기 가치에 대한 두려움과 싸운다고 확신하지만, 이런 두려움에게 그의 삶의 많은 부분을 허락하지 않는다고 단언한다. 존은 그의 소속을 알고, 다른 사람을 보호하기 위해 부르심을 받았다는 것을 아는 사람이다.

묵상하고 기록하기

이번 주의 시작 부분에서 자기 가치를 훼손시키는 두려움의 목록이 기록된 곳으로 돌아가라. 당신이 동의하는 것에 체크하라. 여기 그 목록에 덧붙여라. 당신의 자기 가치의 감정을 훼손시키는 두려움은 무엇인가?

당신이 체크하고 덧붙인 두려움의 목록을 보라. 만약 당신이 정말로 그리스도에게 속했다는 사실을 주장했다면, 그것들 중의 얼마나 많은 것들이 취소되어질 수 있었는가? 그리스도가 당신에게 하나님 나라를 주기 원하시는가?

＊　　　＊　　　＊

당신이 다른 사람을 돌보기 위해 부름받았다는 확신에서 행동
한다면 그런 두려움들 중 어떤 것들이 극복될 수 있는가?

✳　　✳　　✳

하루 동안

"적은 무리여, 두려워 말라. 너희 아버지께서 그 나라를 너희에
게 주시기를 기뻐하시느니라" (눅 12:32).

이 구절을 암송하라. 오늘 하루 동안 계속 반복하고, 그것을 자
신에게 되풀이해서 말하라. 그리고 "적은 무리" 대신에 당신의 이
름을 넣어서 읽어 보라. "＿＿＿＿＿ 여, 두려워 말라. 너희 아버지께
서 그 나라를 너희에게 주시기를 기뻐하시느니라."

넷째 날　　당신의 감정에 대해 최대한 정직하라

정신과 의사 로이 메닝거(Roy Menninger)는 감정의 성취를 대신
하는 것에 반대하는 한 청중에게 경고했다. 사회적인 위신을 우상
화하고 자신을 스트레스가 발생할 상황으로 몰입시킴으로 많은
것을 믿음으로 만들어 가는 것은 "느끼는 것이 아니라, 행하는 것
이며, 그것은 그들을 실제적으로 만든다. 만약 그들이 그런 것들
을 할 수 없다면 아무도 그들을 존경하지 않을 것이다"라고 메닝

거는 말했다.

"어떤 사람들은 그러한 생각이 잘못되었다는 것을 결코 깨닫지 못한다"고 그는 말한다. "그러나 다른 사람들은 이혼을 하거나 44세 때 심장병에 걸려서, 그들의 가치가 진정으로 어디에 놓여 있는지 자기 스스로에게 물어봄으로 구제된다." 대부분의 청중들은 대화의 말미에 가서 그들이 말할 수 있는 사람이 아무도 없었다는 것을 발견한다.

그것은 들어 줄 수 있는 사람이 없었다는 것이 아니라, 다른 사람에게 반쯤은 낯설게 보이게 하는 장애물이 있다는 것이다.

유명한 의사이며 상담자인 메닝거는 이것이 단지 사업 경영자만이 가지고 있는 질병이 아니라는 것을 계속해서 말했다. "많은 사람들은 분노, 우울증, 슬픔의 감정을 알지 못하며 자신과 접촉하지 않는다"고 덧붙여 말했다 (Angell, pp. 16-17).

만약 우리가 우리 자신의 감정과 접촉하지 않는다면. 우리 자신과 접촉하지 않는 것이다. 그러나 우리가 우리의 감정과 접촉하는 것만으로는 충분하지 않다. 우리는 온전히 우리 자신의 감정에 대해 정직해야 한다. 시편 기자는 우리를 위해 시편 42편에서 다음과 같은 모델을 만들었다.

> 하나님이여, 사슴이 시냇물을 찾기에 갈급함 같이,
>   내 영혼이 주를 찾기에 갈급하니이다.
> 내 영혼이 하나님 곧 생존하시는 하나님을 갈망하나니,
> 내가 어느 때에 나아가서 하나님 앞에 뵈올꼬?
> 사람들이 종일 나더러 하는 말이
>   네 하나님이 어디 있느뇨 하니,
> 내 눈물이 주야로 내 음식이 되었도다.
>
> 내가 전에 성일을 지키는 무리와 동행하여,

기쁨과 찬송의 소리를 발하며,
저희를 하나님의 집으로 인도하였더니,
　이제 이 일을 기억하고 내 마음이 상하는도다.
내 영혼아, 네가 어찌하여 낙망하며,
　어찌하여 내 속에서 불안하여 하는고?
너는 하나님을 바라라.
　그 얼굴의 도우심을 인하여
　내가 오히려 찬송하리로다.

내 하나님이여, 내 영혼이 내 속에서 낙망이 되므로,
　내가 요단 땅과 헤르몬과 미살산에서
　주를 기억하나이다.
주의 폭포 소리에
　깊은 바다가 서로 부르며,
주의 파도와 물결이
　나를 엄몰하도소이다.
낮에는 여호와께서 그 인자함을 베푸시고,
　밤에는 그 찬송이 내게 있어,
　생명의 하나님께 기도하리로다.

내 반석이신 하나님께 말하기를
　어찌하여 나를 잊으셨나이까?
내가 어찌하여 원수의 압제로 인하여
　슬프게 다니나이까 하리로다.
내 뼈를 찌르는 칼 같이 내 대적이 나를 비방하여 말하기를,
　네 하나님이 어디 있느냐 하도다.

내 영혼아, 네가 어찌하여 낙망하며,
　어찌하여 내 속에서 불안하여 하는고?
너는 하나님을 바라라.
　나는 내 얼굴을 도우시는 내 하나님을
　오히려 찬송하리로다.

나는 이 작가가 누구인지 모르지만, 그는 우울 증세가 있다. 그는 지금 외로운 장소에서 살고 있다. 향수병은 우울증의 한 형태이다.

그는 자신이 즐겼던 것들을 할 수 없는 장소에 있었다. 그는 많은 사람들과 함께 한 음악, 축제와 잔치를 *기억하고* 표현하였다. 귀중하고 의미 있는 어떤 것이 그의 삶에서 잃어져 가고 있다. 일상적인 생활의 변화와 단절, 갑작스러운 일상적인 관습의 상실, 행복함과 삶의 의미를 가져다 주었던 관계의 갑작스러운 상실은 누군가에게 우울증을 가져올 수 있다.

그는 종교적인 사람이었고, 하나님과의 사이가 소원해졌다고 느꼈다; "내 영혼이 주를 갈망하나이다....내 반석이신 하나님께 말하기를 '어찌하여 나를 잊으셨나이까?'"

우리가 예배로부터 분리되고, 종교적인 행위에서 분리될 때, 하나님과 소원함을 느끼기 쉽고, 우울해지기 쉽다. 많은 그리스도인들이 새로운 기독교 공동체에서 "편안함"을 느낄 때까지, 한 장소에서 다른 장소로 이동할 때 이와 같은 것을 경험한다.

이 시편 작가는 주변의 친구들 때문에 아주 외로웠다. 모든 사람들이 그가 가지고 있는 믿음 때문에 그에게 적대적이었고, 그를 비웃고 그를 조롱했다.

우울증의 많은 징후가 여기 시편 기자 안에 있다: 장소가 옮겨진 것에 대한 두려움, 조화되지 않는 환경--그가 알고 있고 즐겼던 것을 할 수 없고 즐길 수 없는 환경, 다른 사람이 돌보아 주지 않거나 심지어는 그들이 가지고 있는 적대감의 환경--소외감. 당신은 시편 기자가 이 모든 것을 계속 가지고 있으면서, 왜 날카로운 질문을 했는지 궁금할 것이다. 그는 그 대답을 알아야 했다. 시편 기자는 두 번이나 반복하여 질문했다. "내 영혼아, 네가 어찌하여 낙망하며, 어찌하여 내 속에서 불안하여 하는고?" 그는 의기소침되어 있었다.

이 시편 기자에게 특별한 것, 즉 우울증을 다루는 것에 대해 가르치고 있는 것은 그가 *자신의 감정을 알고 있었고, 그 감정들을 나누는 데 전적으로 정직했던 것*이다.

우리가 우울증을 느낄 때 가장 도움이 되는 것 중의 하나는 정직하게 그런 감정들을 나누는 것이다. 그것은 많은 사람들에게 하기 어려운 일이다. 우리 중의 일부는 우리를 우울하게 하는 것에 대해 생각하기를 두려워하며, 더군다나 그것을 나누는 것을 두려워한다. 나는 최근 제 1차 세계대전의 유명한 노래, "당신의 오래된 배낭 안에, 당신의 고민거리를 꾸려 넣고, 웃자, 웃자, 웃자"를 작사했던 사람이 자살했다는 것을 알았다. 우리의 고민과 연관된 가장 나쁜 것은 "그것들을 꾸려 넣는" 것, 즉 내부에 있는 우리의 감정을 붙잡아 두는 것이다.

서아프리카에 사는 작가 알란 페이톤(Alan Paton)은 그의 아내가 죽었을 때 깊은 상실감을 경험했다. 가장 잘 알려진 그의 소설은 『울어라 사랑하는 조국이여』(Cry the Beloved Country)이다. 그의 아내의 죽음 후에 어떤 것이 그 안에서 말라가는 것처럼 느껴졌다. 그는 창조적인 자극을 잃어버렸다. 마침내 그는 그것에 대해 이야기할 수 있었다. 그가 자신의 감정을 표현한 방법은 아내에게 보냈던 일련의 편지 형식의 작은 책이었다. 그는 아내의 죽음을 *당신을 위한 헤어짐*이라고 표현했다. 그는 마지막 장에서, "내 안에 있는 어떤 것은 깊은 잠에서 깨어나고 있다. 나는 살기를 원하고 다시 움직인다. 열정, 즉 나를 사랑하는 사람들에 대한 헤아릴 수 없는 감사와 그들을 또한 사랑하기를 강하게 원하는 것이 나에게 다시 되살아 나오고 있다. 이 책을 쓰면서 삶의 기쁨과 삶의 변화를 받아들이는 것을 배웠고, 낯선 것과 아름다움과 공포에 대항하며 사랑에 빠지는 것을 배웠다"(Forsberg, 1982년 11월 5일).

우리는 우리의 감정을 기도를 통해 나눌 수 있으며, 하나님과 우리의 감정을 이야기하면서 나눌 수 있다.

우리는 그 감정을 일기에 기록하고, 글을 쓰면서 나눌 수 있다. 형식적인 일기를 쓸 필요는 없다. 비록 그것이 우리의 일상 생활이 아닐지라도, 필요를 느낄 때 그 감정을 나눌 수 있다. 그것은 단순히 한 장의 종이에 우리의 우울증의 감정과 우리가 생각하기에 우리를 우울하게 만드는 것을 기록하면 된다.

우리는 우리의 감정을 친구, 신뢰할 수 있는 사람, 그리고 기꺼이 들어 주는 사람에게 나눌 수 있다. 우리는 우리의 감정을 기탄없이 이야기할 수 있고, 우리의 우울증을 말로 표현할 수 있다.

묵상하고 기록하기

잠재되어 있는 우울증을 일깨우는 문제를 당신의 생활 속에서 찾아보라. 그렇지 않으면 아마도 우울증이 이미 당신의 삶 가운데 있을 수 있다. 그 상황을 기술하고, 그것을 쓸 때, 당신의 감정에 최대한 정직하라.

하루 동안

어제 제한했던 것을 계속하여 실습하라. 반복해서 그 약속을 구하라. "______ 여, 두려워 말라. 너희 아버지께서 그의 나라를 너희에게 주시기를 기뻐하시느니라."

다섯째 날 중요한 사람들과 가까이 하라

우리가 아시아에서 당한 환난을 너희가 알지 못하기를 원치 아니하노니, 힘에 지나도록 심한 고생을 받아 살 소망까지 끊어지고, 우리 마음에 사형 선고를 받은 줄 알았으니, 이는 우리로 자기를 의뢰하지 말고, 오직 죽은 자를 다시 살리시는 하나님만 의뢰하게 하심이라. 그가 이같이 큰 사망에서 우리를 건지셨고, 또 건지시리라. 또한 이 후에라도 건지시기를 그를 의지하여 바라노라. 너희도 우리를 위하여 간구함으로 도우라. 이는 우리가 많은 사람의 기도로 얻은 은사를 인하여 많은 사람도 우리를 위하여 감사하게 하려 함이라.

고린도후서 1:8-11

비록 시편의 대부분은 성경에서 가장 솔직한 개인적인 감정의 생생한 증언이 담겨져 있기는 하지만, 그러한 개인적인 증언 때문에 성경은 균형 있는 책이 된다. 시편을 제외한 성경의 나머지가 역사서, 전기, 가르침, 선지서, 시, 우화, 문학 등인 반면에 시편은 기도의 책이다. 시편은 하나님 앞에서 개인의 정직함, 영혼의 부르짖음과 같은 모형을 만든다.

성경 전체는 이러한 정직한 개인의 증언을 담고 있다. 위의 구절에서 바울은 그의 삶을 고린도에 있는 교인들과 나눈다. 이 묘사는 기도하고 있는 시편 기자만큼 거의 극적이다. "힘에 지나도록 심한 고생을 받아 살 소망까지 끊어지고." 성경의 다른 번역에서는, "우리는 견딜 수 없는 큰 압박 가운데 있었다"라고 번역되었다 (NIV).

당신은 "견딜 수 없는 큰 압박 가운데" 있었던 경험이 있는가? 나는 그것을 확실히 경험하였다. 우리는 종종 우울증, 억제, 진압, 압박을 느낀다. 우리를 괴롭히는 적이 우리 뒤에 있다는 것은 쉽게 믿어진다. 우리가 경험하고 있는 압박, 즉 경제적, 도덕적, 육체적인 관계에서 오는 압박은 우울증의 상태를 만들어 낸다. 왜냐하면 우리가 억압당하였기 때문에, 혹은 우리가 억눌렸기 때문에, 혹은 우울하게 되어 지금 우리에게 돌아오는 다른 감정들을 억제하였기 때문이다.

어제 우리는 우리의 감정에 대해 최대한 정직할 필요가 있다는 것을 공부했다. 바울은 이것을 고린도 교인들과 함께 모델로 삼았다. "힘에 지나도록 심한 고생을 받아 살 소망까지 끊어지고, 우리 마음에 사형 선고를 받은 줄 알았으니." 최대한 정직하도록 발전시켜 나갈 수 있는 원칙은 당신에게 중요한 다른 사람들과 가까이 하라는 것이다.

내가 읽은 기사에서 가장 도움이 되었던 것 중 하나는 레이몬드 카운실(Raymond J. Council)이 심각하게 의기소침된 목사들에게 목사의 역할에 대해 말한 것이다. 그는 "목사에게 중요하고 기본적인 역할은 관계를 지탱하고, 관계를 돈독히 하며, 관계를 받아들이는 것"이라고 제안했다. 그는 의기소침된 사람들과 관계를 맺는 것뿐만 아니라, 우리의 우울 증상을 모두에게 알려야 한다는 입장에서 다음과 같은 글을 썼다.

목회자의 존재는 그 자체가 진실을 제공해 주기 때문에 능력이 생겨나는 것이다. 심각하게 의기소침된 사람들의 진실은 왜곡된다. 그런 사람의 판단은 자신이 가지고 있는 부정적인 감정에 의해 편견을 갖게 되고, 그들의 외로움과 위축으로 약화된다. 의기소침된 사람은 시금석으로서 도와 줄 사람 없이, 중요한 것을 말해 줄 사람도 없이 몸부림친다. 그러므로 목회자가 "거기에 있다"는 것은 의기소침된 사람이 그들의 관점을 점검하고 시험하고 바르게 할 수 있는 관계를 맺게 해 준다. 목회자는 의기소침된 사람이 그들 자신의 상관성을 다시 세울 수 있는 환경을 이야기할 때 관대하게, 인내를 가지고, 주의 깊게 들어야 한다.

의기소침한 사람들에게 흥분하게 하고, 충고하며, 활기찬 대화나 과장된 낙관주의를 심어 주는 것은 그들에게 도움이 되지 않는다. 그들이 꼭 해야 할 것을 충고하는 것도 그들의 개인적인 무능함만을 더 인식시키는 행위이다. 이런 접근은 잘못하면 의기소침된 사람이 단지 작은 노력과 자기 훈련으로 우울증에서 헤쳐 나올 수 있다고 생각하게 할 수 있나. 마찬가지로, 그런 사람을 상담하는 것은 상담 중에 제시되는 일상적인 삶에 대한 요구들로 그들의 무능함을 더 드러내 보이는 역할을 한다.

너무 빨리 확신을 갖는 것도 또한 자연스런 함정이다. 비록 격려하기 위해서 의도된 것이라 할지라도, 상태가 보이는 것만큼 나쁘지 않다는 판단, 더 나빠지지 않을 것이라는 판단, 혹은 그 사람은 너무 의기소침되어 있어 감사할 수 없다는 판단은 좋지 않고 무익하다. 이렇게 될 때, 그들은 자신들의 이러한 경험의 심각함과 중요함을 부인함으로 목회자가 의도한 대로 따라오지 못하게 된다.

마지막으로, 목회자는 죄의 감정과 무익함에 대해 논쟁하거나 토론하지 않도록 주의해야 한다. 그 감정은 논리나 이성에 의해 풀려지지 않으며, 그렇게 시도하는 것은 단지 그 사람을 더욱 고립시킬 경향이 있다 (Council, p. 1).

이러한 목회자의 역할은 우리 모두에 대한 일반적인 원칙을 강조한다. 우울증을 극복하기 위해 우리는 우리에게 중요한 다른 사람들과 가까이 해야 한다. 그리고 다른 사람들이 우울증을 극복해 나가도록 하기 위해, 우리는 그들에게 중요한 사람이 되어 그들 가까이에 있어 주어야 한다.

이것은 쉽지 않다. 왜냐하면 의기소침이 될 때 우리는 종종 고립되고 버려졌다고 느끼기 때문이다. 또한 우울증은 우리의 의지 능력을 마비시킨다. 시편 기자는 다음과 같이 말했다: "나는 물 같이 쏟아졌으며" (22:14). *바라는 것*은 통제할 수 있는 상황이 아니고, 행동할 수 있는 상황도 아니다.

이것은 우리가 중요한 사람을 만들기 위해, 먼저 다가서려고 하지 않더라도, 그들이 주도적으로 먼저 다가와서 우리와 중요한 사람의 관계를 맺는 데 아주 중요하다.

묵상하고 기록하기

여기에 네 명의 중요한 다른 사람들을 기록하라. 적어도 그들 중 두 명은 당신의 가까운 가족 이외의 사람을 기록하라.

1.

2.

3.

4.

당신은 이런 사람들과 가까이 하고 있는가? 당신은 당신의 감정을 그들에게 최대한 정직하게 나누고 있는가? 만약 당신이 그들과의 관계에서 물러서 있다면, 그들이 먼저 관계 회복을 위해 다가오겠는가? 이런 질문의 관점에서 그들 각각에 대해 생각해 보라.

✻　　✻　　✻

이제 다시 앞으로 돌아가서 각 이름 아래 다음 사항들을 기록하라. 당신이 최근에 오랫동안 대화를 나눈 것은 언제였는가? 무엇에 대해 이야기했는가? 다른 사람과 나눌 수 없었던 깊은 감정 중 무엇을 나누었는가? 그들은 어떻게 반응했는가? 그들은 당신에게 무엇을 나누었는가?

＊　＊　＊

당신이 가장 필요할 때 이 중요한 사람들이 당신에게 중요한 사람으로 존재할 것임을 보증하기 위하여 그들과의 관계를 고양시키는 데 필요한 행동은 어떤 것이 있는가?

＊　＊　＊

하루 동안

당신에게 중요한 사람들과의 관계를 위하여 무슨 행동이든 취하라. 비록 그것이 단지 감사의 한 마디나 행동이라 할지라도 말이다.

여섯째 날   신뢰와 믿음을 확신하기 위해 기억을 되살리라

우리는 둘째 날과 셋째 날에 시편 22편을 보았다. 그 시편을
다시 읽어 보라.

＊　　　＊　　　＊

시편 기자가 자신의 처지를 한탄하는 표현("내 하나님이여, 내 하
나님이여, 어찌 나를 버리셨나이까?")을 하고 나서, 즉시 그는 자신
의 기억을 떠올려 그에게 신뢰와 소망을 주었던 믿음을 붙잡는다.

> 우리 열조가 주께 의뢰하였고,
> 　의뢰하였으므로 저희를 건지셨나이다.
> 저희가 주께 부르짖어 구원을 얻고,
> 　주께 의뢰하여 수치를 당치 아니하였나이다.
> 시편 22:4-5

여기에 우리가 우울증을 극복해 나가는 데 도움이 되는 유용한
도구가 있다. 그것은 *신뢰와 믿음을 확신하기 위해 기억을 되살
리라*는 것이다.

시편 기자가 우리에게 도움을 주는 것 중 하나는 그가 그 싸움
을 계속하고 있다는 것이다. 신뢰와 믿음에 대해 확신한다면 그
렇게 하지 않을 것이다. 시편 기자가 싸워 나가는 양식을 보라.
그것은 하나님 앞에서 자신을 정직하게 발견해 나가는 모습이기
도 하지만, 우리가 알고 있는 신뢰와 믿음에 필사적으로 매달리

는 모습이다.

> *의기소침과 절망:* "나는 벌레요, 사람이 아니라. 사람의 훼방거리
> 요, 백성의 조롱거리니이다" (6절).
>
> *신뢰와 믿음:* "오직 주께서 나를 모태에서 나오게 하시고, 내 모
> 친의 젖을 먹을 때에 의지하게 하셨나이다" (9절).
>
> *의기소침과 절망:* "나는 물 같이 쏟아졌으며, 내 모든 뼈는 어그
> 러졌으며, 내 마음은 촛밀 같아서 내 속에서 녹
> 았으며" (14절).

이것은 잘 묘사한 것이지 않는가? 상황이 나쁜 만큼, 그 상황은
더 악화된다. 시편 기자에게 귀를 기울여라: "나는 물 같이 쏟아졌
으며, 내 모든 뼈는 어그러졌으며, 내 마음은 촛밀 같아서 내 속에
서 녹았으며, 내 힘이 말라 질그릇 조각 같고, 내 혀가 잇틀에 붙
었나이다. 주께서 또 나를 사망의 진토에 두셨나이다" (14-15절).

오! 우울증이여! 그러나 그 싸움은 계속되고, 그 리듬은 널리
퍼진다.

> *신뢰와 믿음:* "여호와여, 멀리하지 마옵소서. 나의 힘이시여, 속
> 히 나를 도우소서" (19절).

이것은 시편 기자가 제시하는 큰 도움이 되는 통찰력이다. 우
울증 상태에서, 자주 우리는 아무 것도 할 수 없는 무력감을 느낀
다. 우리의 믿음은 되살아나지 않으며, 사실상 의심이 우리를 억
누른다. 우리는 확신을 가지고 기도하는 것이 어렵다는 것을 발
견한다. 우리의 종교적인 감정은 종종 무디어진다. 그 때 우리가

할 수 있는 유일한 것은 우리의 기억 속으로 되돌아가서 하나님이 우리와 함께 하셨을 때의 경험, 우리가 하나님의 임재를 느꼈을 때의 경험, 그리고 "수렁"에서 건져진 경험을 상기하는 것이다. 밝은 날들이 계속 되고 삶이 기쁠 때 그러한 기억을 상기할 수 있는가? *기억을 되살리는 연습을 통해 우리는 신뢰와 믿음을 확신할 수 있다.*

묵상하고 기록하기

당신의 삶의 기억 속으로 되돌아가라. 예전에 당신에게 큰 어려움이 계속되고 곤경이 지속되었을 때, 당신 자신의 힘으로는 그것을 극복해 나갈 수 없었지만, *하나님께서 그 곳에 계셔서 극복해 나갈 수 있었던* 경험을 상기하고 기록하라. 그 어려움 속에서, 당신은 그리스도의 임재를 느꼈고, 그분의 사랑과 능력을 발견했으며, 그것을 극복했다. 당신의 기억 속에서 그것을 되살릴 수 있도록 그 경험에 관하여 충분히 기록하라.

넷째 주의 일곱째 날에도 이와 비슷한 것을 하도록 요구되었다. 그러나 여기에서는 새로운 묵상을 위해 또 다른 경험을 선택하라.

기억할 수 있는 능력을 주심과 과거 당신의 삶에 부어주셨던 하나님의 사랑에 대해 감사하는 기도를 하라. 지금 당신의 삶에서 그 사랑을 확신하라.

✳   ✳   ✳

하루 동안

오늘 하루 동안 당신이 움직일 때마다 하나님의 사랑이 나타나는 표시를 찾아보라. 어제 제안했던 것처럼, 당신에게 중요한 사람들에게 비록 단순한 감사의 말이나 행동이라 할지라도 행하라.

일곱째 날   증거와 찬양으로의 부르심

레이몬드 카운실은 심한 우울증의 전형적인 증후의 예를 들기 위하여 시편 22편을 약술했다. 우리는 심각한 우울증에 대해서 고려하고 있지 않으며, 나 역시 그러한 심각한 우울증에 도움을 줄 수 있는 가설을 만들려는 것이 아니라고 이번 주 첫째 날 말했다. 그렇다 하더라도, 우울증은 우리 사회에 만연한 것이기에, 우리 자신이나 우리 주변의 사람들 안에 있는 우울증에 대해 민감하게 반응하기 위하여 그것을 배우는 것이 중요하다고 생각한다.

(당신은 지금 이 부분의 내용을 건너뛰고 시간이 흐른 뒤에 이 부분을 공부할 수 있다. 만약 그렇다면 오늘 공부할 분량의 후반부에 있는 ＋표시한 곳으로 넘어가서 오늘의 주제에 대해 공부하라.)

카운실은 시편 22편과 전형적인 심각한 우울증 사이에 놀라운 유사성이 있음을 제시한다.

내 하나님이여, 내 하나님이여, 어찌 나를 버리셨나이까? 어찌 나를 멀리하여 돕지 아니하옵시며, 내 신음하는 소리를 듣지 아니하시나이까?	외로움, 버림받음
내 하나님이여, 내가 낮에도 부르짖고, 밤에도 잠잠치 아니하오나, 응답지 아니하시나이다.	정신적 동요, 불면
나는 벌레요, 사람이 아니라. 사람의 훼방거리요, 백성의 조롱거리니이다. 나를 보는 자는 다 비웃으며, 입술을 비쭉이고, 머리를 흔들며 말하되, 저가 여호와께 의탁하니 구원하실 걸, 저를 기뻐하시니 건지실 걸 하나이다.	죄, 낮은 자존감
많은 황소가 나를 에워싸며, 바산의 힘센 소들이 나를 둘렀으며, 내게 그 입을 벌림이 찢고 부르짖는 사자 같으니이다.	정신적 동요
나는 물 같이 쏟아졌으며, 내 모든 뼈는 어그러졌으며, 내 마음은 촛밀 같아서 내 속에서 녹았으며,	신체적인 질고
내 힘이 말라 질 그릇 조각 같고,	정신적 지연
내 혀가 잇틀에 붙었나이다.	침묵
주께서 또 나를 사망의 진토에 두셨나이다.	자살에 대한 생각
개들이 나를 에워쌌으며, 악한 무리가 나를 둘러 내 수족을 찔렀나이다.	정신적 동요
내가 내 모든 뼈를 셀 수 있나이다.	식욕 저하
저희가 나를 주목하여 보고, 내 겉옷을 나누며, 속옷을 제비 뽑나이다.	정신적 동요

증후를 타나내는 용어들의 일부는 해석을 필요로 한다. *정신적 지연, 동요*—이것은 이전에 즐거움을 주었던 활동들(성적인 것을 포함)로부터 큰 흥미와 기쁨을 잃은 것에서 온다. 가족이나 친구들로부터 뒤로 물러나 있는 사람들은 슬프게 보이고, 무기력하게 보이며, 종종 멍청한 말을 하고, 아마도 상체를 구부리며 걷거나 앉으며, 자신의 손을 비틀며 방안을 공연히 왔다갔다 하거나, 같은 질문을 되풀이해서 던진다. 정신적 동요는 또한 적대감, 의심 그리고 반항으로 인해서 온다.

자살에 대한 생각—심각하게 의기소침된 사람들에게 자살에 대한 위험성은 특별한 문제로, 항상 그리고 실제로 그들 가운데서 작용한다. 이 위험은 또한 그 사람의 증상이 호전될 때, 즉 자신의 에너지와 의지를 회복할 때 더 커질 수 있다. 자살을 하려는 생각의 표현들이 애매하고 베일에 가려져 있더라도 목회자는 심각하게 그것들을 발견해 내야 한다. 자살하려는 모든 의도들은 즉각적이고 단호하며, 견고한 반응이 뒤따라야 한다. 이 위험을 걱정해서 결코 목회자가 혼자 간섭하려고 시도하지 말라. 말로 언급해 주는 것이 필수적이다 (Council, p. 1).

+ 이제 오늘의 주제, *증거와 찬양으로의 부르심*에 대해 공부하자.

시편 22편은 계속해서 우리의 모델이 된다. 사라졌던 절망의 깊이에도 불구하고 시편 기자는 말한다. "내가 주의 이름을 형제에게 선포하고, 회중에서 주를 찬송하리이다."

이 부르심은 증거와 찬양으로의 부르심이다. 절망의 유혹은 움츠리며, 우리 자신 안으로 후퇴하며, 종종 술이나 마약을 하며, 친구들로부터 당신 자신을 분리시키는 것이다. 시편 기자는 우리를 그 곳에서 불러내고 있으며, 증거와 찬양으로 우리를 부르고 있다.

우리가 어제 공부했던 것처럼, 우리의 증거는 하나님께서 과거에 행하셨던 것뿐이다. 그것을 연습하는 것은 신뢰와 믿음이 계속 지속되도록 유지시킬 것이다.

기억은 시간과 공간의 제한을 초월한다. 또한 기억은 의기소침한 사람이 지리적으로 멀리 떨어져 있거나 심지어는 죽어도 우리의 감정이 자유롭게 흐를 수 있도록 해 준다. 기억에 대한 가장 위대한 것 중 하나는 우리가 기대할 수 있고 축하할 수 있는 미래를 계획하도록 해 준다는 것이다. 그러한 기대와 축하는 우리의 찬양과 증거의 핵심이 된다.

우리 교회 성도인 로저 왓슨(Roger Watson)은 자신이 들은 어느 노인의 기도를 토대로 즐거운 복음성가를 썼다: "주님, 나는 당신이 하실 것을 압니다. 왜냐하면 나는 당신이 이미 행하신 것을 보았기 때문입니다." 이러한 증거와 찬양은 우울증을 대비한 우리의 궁극적인 무기이다.

묵상하고 기록하기

벤 존슨(Ben Johnson)은 축하에 대해 도움이 되는 글을 썼다.

나는 나 자신 밖으로 관심을 갖도록 나를 자극하기에 충분한 의미가 있는 기억들을 떠올릴 수 없을 때, 그리고 다른 곳에서 주목할 수 없고 기력을 쏟아 부을 수 없을 때 가장 비참하다. 종종 나는 축하에 관여함으로 나의 병든 영혼을 치료했다. 절망스러운 환경에도 불구하고 축하는 나에게 용기를 준다.

40대 초반에 그리스도인이 된 한 친구는 열정적인 평신도 전도자가 되었다. 몇 년 동안 그는 기쁨과 흥분된 정신이 그의 삶에 배어 있었다. 그리고 나서 그는 일련의 고통스런 사건들을 경험했다. 그는 심장 발작으로 고통당했으며, 그것은 그로 하여금 평신도로서 증인의 사역을 하지 못하게 막았다. 그리고 심지어는 심장마비에서 회복되어 잠자리에 누웠을 때, 유명한 인사였던 그의 장인이 죽었다는 사실을 텔레비전을 보면서 알았다. 얼마 후, 그의 장모는 그녀가 암 말기라는 것을 발견했다. 최근 그 친구와 나는 그러한 어두운 시기에 나누었던 대화를 떠올렸다.

"너는 내게 우리가 오를 수 없는 산을 올라야 할 삶의 시간이 있다고 말했어. 그러나 산을 오르지 못하는 대신, 그 산에 터널을 파 나가야 한다고 했지. 내가 그러한 산에 직면했을 때, 나는 그것이 네가 말한 것과 같다는 것을 알았어. 때때로 나는 입구나 출구의 빛을 볼 수 없는 터널 안에 있는 나 자신을 발견해. 그러나 이러한 곤경에 처한 나 자신을 발견했을 때, 진정 나를 돌보아 주는 사람들, 그리고 친구에 대해 생각해. 그들이 내게 있다는 것은 나의 마음을 따뜻하게 하고 나의 길을 밝게 해 주지. 그리고 곧바로 내가 할 수 있다는 희망을 다시 갖게 돼."

축하의 정신이 사라졌던 내 삶의 시간들이 있었다. 이런 시간에 나는 나의 친구와 주님의 도움을 받는다. 우리는 함께 걷고, 곧 삶이 더 밝아지는 것처럼 보인다. 다시 나는 축하할 이유를 갖는다 (Johnson, p. 142).

만약 당신이 그룹 안에서 이 책을 계속 공부하고 있다면, 이전에 각자 개인의 삶에서 하나님이 새롭게 하셨던 일에 대해 나누었던 것들을 생각해 보라. 그것으로 인해 하나님을 찬양하라. 만약 당신이 아무 그룹에도 소속되어 있지 않다면, 당신이 하나님을 찬양하는 축하의 경험을 갖도록 당신 자신과 친구들의 경험을 상기하라.

하루 동안

　　당신의 수렁에서 당신을 끌어올렸거나 또는 당신이 수렁으로 빠져 들어가지 않도록 도와 주어 당신의 삶을 밝게 해 준 사람들에게 감사할 기회를 찾아보라.

다섯째 주를 위한 그룹 모임

도 입

　　당신은 지금 이 워크북의 마지막을 향해 달려가고 있다. 이번 주와 다음 주 그룹 모임은 마지막 그룹 모임이 될 것이다. 당신의 그룹은 더 많은 토론을 원할 수 있다. 당신의 그룹은 서로 더 많은 시간을 함께 하기 원하는가? 그룹 구성원들에게 호감을 줄 수 있는 적절히 사용할 수 있는 자료들, 즉 책이나 테이프 등을 가지고 있는가? 만약 당신이 같은 교회의 일원이라면, 다른 사람과 나누었던 그 경험을 나눌 수 있는 다른 방법이 있는가? 그룹의 구성원들이 더 많은 가능성들을 토의하기 원하는지 살펴보라.

　　이번 주는 대화를 나누는 것이 가장 어려울 수 있다. 특별히 대화가 가장 필요한 사람들이 그럴 수 있다. 지난 주의 내용들보다 이번 주의 내용이 더 낯설 수도 있다. 또한 이성적으로나 경험적

으로 나누기보다 지성적으로 나누려는 유혹이 있을 것이다. 그러
나 그렇게 하지 말라.

함께 나누기

1. 시작하는 기도를 함께 함으로 이 시간을 시작하든지, 이미 부
   탁한 사람에게 기도하며 이 시간을 시작하라. 그리고 나서 합
   창을 하거나 모든 사람이 알고 있는 찬송 두 절을 불러라.
2. 각 구성원에게 이번 주 공부에서 얻은 가장 의미 있는 통찰력이
   나 경험들을 나누도록 하라.
3. 첫째 날 '묵상하고 기록하기'에서 서술한 "수렁에 빠진" 경험들
   을 그룹 구성원이 나누도록 하라.
4. 그리스도인으로서 항상 잘 살아야 한다는 기대감 때문에 느꼈
   던 긴장감에 대해서 이야기를 나누어라. 이것은 당신이 속한
   기독교 공동체의 문제인가?
5. 둘째 날 기록했던 기도를 기꺼이 나눌 두세 사람을 초청하라.
   그 기도문이 나누어질 때, 그 기도의 본질과 그 기도가 이끌어
   내었던 감정들에 대해 그룹 구성원들이 가지고 있는 생각을 나
   누면서 반응하도록 하라.
6. 자아의 가치를 잠식시키고 압박의 증후를 자극시키는 두려움
   의 목록을 다시 읽어 보라. 각 목록을 호명할 때, 그 목록을 경
   험했다고 표시한 사람이 몇 명인지 세어 보라. 가장 많이 표시
   된 목록들을 가지고 이야기해 보라. 왜 이것들이 우리에게 가
   장 일반적인 두려움인가?

7. 넷째 날 묵상하고 기록하기에서 이미 우울증을 일으켰거나 위
   협하고 있는 것에 대해 각자가 확인한 문제들을 기꺼이 나눌
   구성원이 있는지 살펴보라.

함께 기도하기

각 사람들이 간단한 문장으로 기도하는 자발적인 대화의 기도
는 그룹의 힘의 원동력이다. 한 사람이 한두 문장의 기도를 할
수 있고, 두세 사람이 그렇게 기도한 후에 다시 기도할 수 있다.
한 사람의 기도에서 다른 것을 제시할 수 있다. 당신의 기도에서
모든 것을 말하려 하지 말라. 이 기도 시간에 다시 기도할 수 있
다는 것을 알고 명백하게 기도하라. 이렇게 기도할 때 자발적으
로 할 수 있고, 당신이 "모든 것을 기도해야 한다"는 *긴장감*을 갖
지 않을 수 있다.

오늘 나눈 것을 묵상하되, 특별히 우울증을 "위협하는" 것에 대
해 나눈 것을 묵상하라.

기도로 들어가기 전에, 그룹 구성원에게 특별 기도 제목이 있
는가 물어보고, 지금 의기소침되어 이 그룹 모임에 나오지 못한
사람이 있는지 물어보라. 이 대화의 기도가 끝나면 주기도문으로
기도하자고 요청한 뒤, 그 시간을 마무리하라.

사랑의 피로와
매일의 요구들

첫째 날 사랑-그리스도인의 부르심

정직하다는 것은 성숙의 상징이지만, 정직하지 않다는 것은 그 안에 파괴적인 씨앗을 갖고 있다. 우리 대부분은 거대한 양의 에너지가 남을 속이는 데 쓰여지고 있음을 안다. 그리고 우리 가운데 많은 사람들은 거짓된 삶이 얼마나 심각하게 우리의 삶을 파멸시키는지 알고 있다.

이번 주 동안, 특별히 첫날에는 우리가 정직해야 할 필요가 있는 *사랑의 피로*라는 문제에 대해 다룰 것이다. 보다 더 직접적으로 언급하면, 우리는 그리스도인이란 존재로서 지쳐 있다. 심지어 어떤 사람들은 그리스도인 같지 않게 느껴진다는 소리까지 할 정도이다. *선한 사람이라고 불리우는 것*이 우리의 삶에 너무 강하게 있어서 우리가 선한 존재로 선한 일을 하다가 피로를 느끼는 것을 생각하는 것조차 아주 거룩한 무엇인가를 위반하고 있는 것처럼 우리는 느낀다. 나는 그리스도인이라는 존재가 당신을 지치게 할 때, 그 사랑의 피로를 극복해 나가는 것에 대해 이야기하고 있는 것이다.

추악하거나 비열한 것에 대해 몰랐던 순진한 작은 소년이 어린 소녀의 머리를 잡아 당겼다고 혼나며 벌을 받으려고 서 있다. 그의 엄마가 그에게 물었다. "애야, 왜 그렇게 했니? 그것은 너답지가 않구나!" "엄마, 저는 단지 항상 착해야 되는 것에 싫증이 났어요"라고 대답했다.

그것은 일반적인 일이며, 우리가 선한 존재로 사는 것에 싫증이 난 사실을 인정하는 것도 분명히 잘못된 것이 아니다. 새로움에 도전하는 것도 줄어들고, 번뜩이는 신선함도 사라지며, 사물들은 일상화된다. 그러나 우리는 그보다 더 지치게 된다. 그것은 피로를 의미한다. 우리는 계속 살아갈 힘이 없다.

그리스도인의 삶의 핵심과 관련시켜 그것을 살펴보자. 그리스도인의 삶에 있어서 주변의 것들을 다 떨쳐 내고 정제하고 정화시켜 가장 핵심적인 것으로 만들어 보면 다음과 같다: 사랑은 모든 그리스도인의 부르심이다.

만약 당신이 신약을 거의 다 읽어본다면 모든 내용이 이 주제를 뒷받침하고 있음을 발견할 수 있을 것이다. 이것은 예수님의 삶, 사역, 죽음과 부활에 관한 것이다. 사랑, 이것은 하나님의 마음이다. "하나님이 세상을 이처럼 사랑하사 독생자를 주셨으니, 이는 저를 믿는 자마다 멸망치 않고 영생을 얻게 하려 하심이니라" (요 3:16). 요한복음 15장에는 사랑에 대해 예수님의 요약된 말씀이 있다. "내 계명은 곧 내가 너희를 사랑한 것 같이 너희도 서로 사랑하라 하는 이것이니라. 사람이 친구를 위하여 자기 목숨을 버리면 이에서 더 큰 사랑이 없나니" (12-13절).

만약 당신이 예수님의 삶과 사역에 관한 성경의 내용을 읽을 때 이것을 놓친다면, 마태복음 25장에 나타난 우리의 심중을 꿰뚫는 예수님의 심판 장면은 분명히 냉혹할 정도로 우리에게 적용된다. 우리가 심판받게 될 원칙이 그 내용에 명확하게 기록되어 있다. 그 원칙은 사랑이며, 이것은 다른 사람에게 사랑을 나누고 돌보는 것이다. "그 때에 임금이 그 오른편에 있는 자들에게 이르시되 아버지께 복받을 자들이여, 나아와 창세로부터 너희를 위하여 예비된 나라를 상속하라. 내가 주릴 때에 너희가 먹을 것을 주었고, 목마를 때에 마시게 하였고, 나그네 되었을 때에 영접하였고, 벗었을 때에 옷을 입혔고, 병들었을 때에 돌아보았고, 옥에 갇혔을 때에 와서 보았느니라" (마 25:34-36).

"그러나 언제 우리가 이렇게 하였는가?" 하며 물어볼 수 있다. 예수님은 대답하신다. "너희가 여기 내 형제 중에 지극히 작은 자 하나에게 한 것이 곧 내게 한 것이니라" (40절).

만약 이 부분으로 아직 충분하지 않다면, 사도 요한이 기록한 요한일서의 말씀 중 사랑에 관하여 단순하면서도 솔직히 기록한 말씀에 초점을 맞추어 보자. 이 말씀은 성경 전체에서 가장 심오하고 흥미진진한 말씀의 일부이다. 아주 실제적인 의미에서, 요한은 요한일서의 모든 신학과 신약성경의 모든 신학을 하나의 위대한 문장으로 표현하였다.

사랑하는 자들아! 우리가 서로 사랑하자. 사랑은 하나님께 속한 것이니, 사랑하는 자마다 하나님께로 나서 하나님을 알고, 사랑하지 아니하는 자는 하나님을 알지 못하나니, 이는 하나님은 사랑이심이라. 하나님의 사랑이 우리에게 이렇게 나타난 바 되었으니, 하나님이 자기의 독생자를 세상에 보내심은 저로 말미암아 우리를 살리려 하심이니라. 사랑은 여기 있으니, 우리가 하나님을 사랑한 것이 아니요, 오직 하나님이 우리를 사랑하사 우리 죄를 위하여 화목제로 그 아들을 보내셨음이니라. 사랑하는 자들아, 하나님이 이같이 우리를 사랑하셨은즉, 우리도 서로 사랑하는 것이 마땅하도다. 어느 때나 하나님을 본 사람이 없으되, 만일 우리가 서로 사랑하면 하나님이 우리 안에 거하시고, 그의 사랑이 우리 안에 온전히 이루느니라.

그의 성령을 우리에게 주시므로 우리가 그 안에 거하고, 그가 우리 안에 거하시는 줄을 아느니라. 아버지가 아들을 세상의 구주로 보내신 것을 우리가 보았고 또 증거하노니, 누구든지 예수를 하나님의 아들이라 시인하면 하나님이 저 안에 거하시고, 저도 하나님 안에 거하느니라. 하나님이 우리를 사랑하시는 사랑을 우리가 알고 믿었노니, 하나님은 사랑이시라. 사랑 안에 거하는 자는 하나님 안에 거하고, 하나님도 그 안에 거하시느니라. 이로써 사랑이 우리에게 온전히 이룬 것은 우리로 심판 날에 담대함을 가지게 하려 함이니, 주의 어떠하심과 같이 우리도 세상에서 그러하니라. 사랑 안에 두려움이 없고, 온전한 사랑이 두려움을 내어 쫓나니, 두려움에는 형벌이 있음이라. 두려워하는 자는 사랑 안에서 온전히 이루지 못하였느니라. 우리가 사랑함은 그가 먼저 우리를 사랑하셨음이라. 누구든지 하나님을 사랑하노라 하고 그 형제를 미워하면 이는 거짓말하는 자니, 보는 바 그 형제를 사랑치 아니하는 자가 보지 못하는 바 하나님을 사랑할 수가 없느니라. 우리가 이 계명을 주께 받았나니, 하나님을 사랑하는 자는 또한 그 형제를 사랑할지니라.

요한일서 4:7-21

이 구절의 힘 있는 글의 리듬은 드럼의 장단과 같다. 하나님은 사랑이시라. 그 내용은 심오하지만 단순하다. 이것은 하나님이 사랑이심을 보여 준다 (8절).

하나님은 자기의 독생자를 세상에 보내심으로 말미암아 그 사랑을 나타내셨다 (9절). 그것은 우리 가운데 하나가 되신 하나님, 우리와 인격적으로 동일하신 하나님, 즉 성육신의 사건이다. "사랑은 하나님이 아들을 통하여 인간의 역사 안에 자신에 대해 말씀하신 사건이다....요한에게 있어서 사랑은 하나님이 우리를 위하여 행하신 것이다. 사랑은 세상의 구원자로서 인간의 길을 나란히 걸어가신 예수 그리스도라는 분이시다 (Palmer, p. 67).

성경의 리듬은 계속된다. 성육신뿐 아니라, 사랑의 궁극적인 표현인 구속, 십자가가 여기 있다. "사랑은 여기 있으니, 우리가 하나님을 사랑한 것이 아니요, 오직 하나님이 우리를 사랑하사 우리 죄를 위하여 화목제로 그 아들을 보내셨음이니라" (10절).

우리는 단지 예수 그리스도의 십자가를 보면서 하나님의 사랑이 어떠한지 안다. 그러나 그 이상이 있다. 그 드럼의 장단은 더 심하게 울려댄다. 요한이 결론지은 저 십자가를 보라. 우리도 그렇게 해야 한다. "하나님이 이같이 우리를 사랑하셨은즉, 우리도 서로 사랑하는 것이 마땅하도다" (11절).

드럼의 장단과 운율은 놀랄 정도로 그 소리를 점점 더 크게 하면서 계속된다. "우리가 사랑함은 그가 먼저 우리를 사랑하셨음이라. 누구든지 하나님을 사랑하노라 하고 그 형제를 미워하면 이는 거짓말하는 자니" (19-20절).

그리고 나서 밑줄에 이 내용을 요약해 놓고 있다. "우리가 이 계명을 주께 받았나니, 하나님을 사랑하는 자는 또한 그 형제를 사랑할지니라"(21절).

그러므로 그것은 우리의 부르심, 곧 사랑에 대한 부르심이다. 성경은 이것에 대해 분명하다. 다른 선택의 여지가 없다. 요약하면, 사랑은 그리스도인의 삶의 모습이며, 그 사랑은 하나님의 사랑에서 비롯된 것이고, 하나님의 사랑을 가지고 사랑하는 것이며, 하나님의 나라를 위해 우리 존재의 마지막 힘이 다할 때까지 지속적으로 사랑하는 것이다.

그러나 그것은 우리를 지치게 한다. 우리는 지쳤고, 점점 더 지쳐가서, 사랑의 끝이 없어 보인다. 항상 사랑받기 위해 누군가가 서 있으며, 항상 더 많이 사랑해 주기를 요구하고 있다. 항상 우리의 삶에는 예수님일지도 모른다고 어느 정도 느낄 수 있는 낯선 사람과 마주친다. 그 낯선 사람은 항상 한밤중에 우리를 불러 4, 5킬로미터를 같이 가자고 요구한다. 그 때 우리 안에서는 예수님의 이름으로 냉수 한 컵이라도 그 사람에게 주어야 한다고 말하는 깊고도 의심할 바 없는 마음의 움직임이 있다. 사랑의 부르심은 우리의 힘을 요구한다. 그것은 우리의 힘을 고갈시킨다. 그래서 우리는 약해진다. 우리는 사랑의 피로로 인해 괴로워한다.

묵상하고 기록하기

당신은 선한 존재로서 선한 일을 하는 것에 지쳐본 경험이 있는가? 당신은 자신에게 진솔하게 그것을 인정해 본 적이 있는가?

당신은 하나님께 그것을 고백한 적이 있는가? 그것을 다른 사람들과 나눈 적이 있는가?

사랑에 대한 부르심과 그것에 대해 반응함으로 가끔 느끼는 피로함에 대해 묵상하는 시간을 가지라. 정직하라. 그리스도인으로서 우리는 끊임없이 우리의 삶의 모습을 잘 살핀다. 만약 우리가 예수님께서 요청하시는 사랑의 삶을 살고 있다면, 때때로 우리는 그 안에서 우리가 감당할 수 없는 많은 일들을 할 수 있다.

✳   ✳   ✳

하루 동안

오늘은 사랑에 대한 예수님의 요청에 대해 주목하라. 당신은 반응하고 있는가? 당신은 너무 지나치게 반응하고 있지는 않은가?

둘째 날   수영 팀의 토끼

옛날에 동물들이 새로운 세상에 대처하기 위해서는 무엇인가 의미 있는 일을 해야 한다고 결심했다. 그래서 그들은 학교를 조직했다.

그들은 달리기, 기어오르기, 수영하기, 날기의 활동을 교육 과

정으로 채택했다. 그리고 교육 과정을 더 쉽게 하기 위해 모든
동물들은 모든 과목의 수업을 다 받았다.

오리는 수영에 탁월했다. 사실상 그는 선생님보다 훨씬 잘 했
다. 그러나 날기에서만은 겨우 통과할 수 있는 점수를 받았고 달
리기에는 아주 형편 없었다. 오리는 달리기가 느리기 때문에 수
영을 그만 두고 방과 후에 달리기 연습을 위해 남아야 했다. 이로
인해 오리의 젖은 발은 심하게 닳게 되었고, 그는 수영에서조차
평균 점수 밖에 받지 못했다. 그러나 평균 점수는 꽤 만족스러운
것이었기에, 오리만 제외하고는 어느 누구도 그것에 대해 걱정하
지 않았다.

토끼는 달리기에서 자기 반에서 일등으로 출발했지만, 수영에
서는 너무 많은 운동을 했기 때문에 다리 근육의 신경이 꼬이게
되었다.

다람쥐는 기어오르기에 탁월했다. 그러나 날기반에서는 계속
좌절을 경험하였다. 왜냐하면 그의 선생님은 그에게 나무 위에서
아래로 뛰어 내리는 대신 땅에서 위로 날아 오르도록 했기 때문
이다. 그는 너무 많이 연습하여 다리가 경직되었다. 그래서 기어
오르기에는 C, 달리기에는 D를 받았다.

독수리는 문제아였고 순종하지 않아서 심한 훈련을 받았다. 기
어오르기반에서는 나무의 꼭대기까지 오르는 데 일등을 하기는
했지만, 자신의 방법대로 하기를 고집했다....

이 이야기의 분명한 교훈은 단 한 가지이다. 그것은 만약 적합
하시 않은 틀에 맞추려고 기대하고 상요하지만 않는다면, 각 피
조물은 자연적으로 뛰어난 그 자신만의 능력을 가지고 살 수 있

다는 것이다. 그러나 자신을 맞지 않는 틀에 맞추기 위해 기대하고 강요할 때에는 좌절, 실망, 심지어 범죄로 인해 그 능력이 평범하게 되거나, 혹은 완전한 실패작이 된다.

나는 척 스윈돌(Chuck Swindoll)의 이 우화를 들었는데, 오랫동안 그것을 생각하게 되었다. 그 안에 있는 유머 때문이 아니라, 그것이 사랑의 피로를 경험한 그리스도인들을 일깨워 주고 격려해 주고 있기 때문이다.

사랑으로의 부르심은 예수님의 최고의 부르심이라는 것을 어제 분명히 말했다. 그분의 스타일은 자비로우시다. 몇몇 구절에서 마가는 우리에게 사랑을 보여 주는 예수님의 모습에 대해 기록하고 있으며, 또한 우리에게 사랑의 피로에 대한 몇 가지 지침을 준다.

> 사도들이 예수께 모여 자기들의 행한 것과 가르친 것을 낱낱이 고하니, 이르시되 너희는 따로 한적한 곳에 와서 잠간 쉬어라 하시니, 이는 오고 가는 사람이 많아 음식 먹을 겨를도 없음이라. 이에 배를 타고 따로 한적한 곳에 갈 새, 그 가는 것을 보고 많은 사람이 저희인 줄 안지라. 모든 고을로부터 도보로 그 곳에 달려와 저희보다 먼저 갔더라. 예수께서 나오사 큰 무리를 보시고, 그 목자 없는 양 같음을 인하여 불쌍히 여기사, 이에 여러 가지로 가르치시더라.
>
> **마가복음 6:30-34**

예수님은 사랑하셨지만, 그분은 또한 쉼의 필요를 아셨다. 이 점은 우리가 사랑의 피로에 대해 분명하게 생각할 수 있도록 하고, 주님의 사역을 하다가 피곤함에 대해서 죄책감을 느끼지 않게 하여 우리 마음을 조금 자유롭게 한다.

그러므로 우리는 이제 다음과 같은 질문을 하게 된다. 어떻게 그것을 다루어야 하는가? 어떻게 극복해 나가야 하는가? 그리스도인이라는 존재가 우리를 지치게 할 때 어떻게 지속해 나가야 하는가? *우리가 할 수 있는 것에 한계가 있음을 우리는 인식해야 한다.*

척 스윈돌의 우화는 그 점을 유모어 있게 지적한다. 그 우화는 진정한 그리스도인이 할 수 있는 것에는 한계가 있음을 인식해야 하는 것을 신랄하게 말해 주고 있다.

하나님은 우리에게 아주 많은 것을 주셨고, 우리는 그것에 대해 매우 감사하고 있다. 우리의 사랑은 우리로 하여금 우리 주변의 요구를 바라보게 한다. 우리가 사랑하면 할수록, 우리는 사랑을 요구하는 필요를 더 많이 느끼게 된다. 우리가 주님과 더 가까이 동행할수록 우리의 눈은 더 많이 열려서, 우리는 외로움, 고통 그리고 우리 주변의 사람들의 조용한 절망을 보게 된다. 누군가가 보고, 듣고 그리고 나서 멈추어 주의 깊게 듣고 만지기를 원하면서 말이다. 우리가 주님과 더 가까이 동행할수록 우리의 마음은 더 부드러워지며, 우리는 주변의 요구가 너무 많아 넘치게 되면 그것을 품고 운다.

그리고 나서 우리가 보았던 요구에 대해 반응하지 않을 때, 그리고 우리가 실패할 때, 또한 그 요구들을 다 충족시킬 수 없을 때, 우리의 양심은 괴로워한다.

그러므로 신성한 그리스도인이 자신이 할 수 있는 것에 제한이 있음을 인식하는 것은 매우 힘들고 아주 어려운 일이다.

묵상하고 기록하기

당신이 알고 있는 사람 중에서, 예수님이 사랑하신 것처럼 사랑하라는 예수님의 부르심을 자신의 삶 속에서 진지하게 실천하며, 예수님의 자비로운 모습으로 효과적이고 매력적으로 사는 세 사람을 아래 밑줄에 기록하라. 지금 하라.

____

____

____

다시 돌아가서, 이 사람들과 그들이 하는 일에 대해서 두세 문장으로 서술하라.

*　　*　　*

이 사람들이 자신들의 힘을 유지해 가는 것에 대해, 그들이 극복해 나가는 방법에 대해 생각해 보라. 당신은 그들이 지친 것을 본 적이 있는가? 그들이 지쳤다고 고백한 적이 있는가? 그들이 할 수 있는 일에 한계가 있음을 그들이 인정할 것이라고 생각하는가?

*　　*　　*

이제 이 사람들에 대한 감사의 기도를 하라. 그리고 주님이 그들을 통해 당신으로 하여금 사랑의 사람이 되도록 가르쳐 주시길 기도하라.

✳   ✳   ✳

하루 동안

만약 가능하다면, 당신이 위에 기록한 사람 가운데 한 사람에게 당신이 지금 공부하고 있는 것을 말하고 그들을 생각하게 된 이유를 말하라. 그리고 나서 그들은 사랑의 피로에 대해 어떻게 대처하는지 물어보라.

만약 당신이 이런 사람들 중 한 명과 개인적으로 이야기할 수 없으면 편지를 써라. 단순히 사랑의 피로 문제에 대해 이야기할 누군가(꼭 모델이 될 만한 사람이 아니어도 된다)를 선택하라.

셋째 날　당신이 할 수 없는 것을 하나님과 다른 사람들에게 남겨 두라

롤랜드 워커 (Roland Walker) 박사는 오하이오웨슬리인대학교(Ohio Wesleyan University)의 성경과 종교학 교수이다. 그는

가르침을 통해서 수많은 젊은이들에게 영감을 주었다. 그는 하나님의 영원한 사랑의 깊이와 견고함을 깨닫기 전에, 그리고 하나님과의 관계에서 어떻게 역할을 해야 하는가를 깨닫기 전에 많은 의심과 절망을 경험해야 했다고 고백했다. 그는 어느 날 새벽 한 시에 일어나, 연구실로 가서, 펜을 잡고 다음과 같이 편지를 썼다:

우주를 주관하는 주관자께
친애하는 주관자님:
　저는 제 자신의 삶과 세상을 관리하는 자로서 제 자신을 스스로 임명했던 자리에서 이제 물러납니다. 저는 높은 산과 같은 모든 부조리를 해결할 수 없고, 모든 이기심의 골짜기를 메울 수 없습니다. 내 안에는 그것이 너무 많이 있습니다. 이제 당신의 뜻대로 사용되기 위해 당신에게 넘겨 드리오니, 나의 삶, 나의 돈, 나의 시간 그리고 재능을 사용하소서.
　　　　　　　　당신을 존경하며 순종하기 원하는 종
　　　　　　　　롤랜드 워커 올림

　우리가 모든 것을 할 수 없다는 것을 깨닫기 시작할 때, 그리고 우리 자신이 할 수 없는 것을 하나님과 다른 사람에게 남겨 둘 수 있다는 사실에서 긴장이 풀려지는 은혜가 주어지며, 그것은 우리의 삶에 중요한 전환점이 된다.

　어제 우리는 사랑의 피로를 극복해 나가기 위해 배워야 할 첫 번째 것이 *우리가 줄 수 있는 것에 한계가 있음을 깨닫는 것*이라고 제안했다. 오늘 우리는 두 번째 제안을 공부하고 있다. 그것은 *우리가 할 수 없는 것을 하나님과 다른 사람에게 맡길 때가 있다*

는 *사실로 안심할 수 있다는* 것이다. 바울은 우리에게 이것에 관한 놀랄 만한 사실을 제시하였다.

> 그런즉 아볼로는 무엇이며, 바울은 무엇이뇨? 저희는 주께서 각각 주신 대로 너희로 하여금 믿게 한 사역자들이니라. 나는 심었고, 아볼로는 물을 주었으되, 오직 하나님은 자라나게 하셨으니, 그런즉 심는 이나 물 주는 이는 아무 것도 아니로되, 오직 자라게 하시는 하나님뿐이니라. 심는 이와 물 주는 이가 일반이나, 각각 자기의 일하는 대로 자기의 상을 받으리라. 우리는 하나님의 동역자들이요, 너희는 하나님의 밭이요, 하나님의 집이니라.
>
> 고린도전서 **3:5-9**

우리는 우리만이 하나님의 포도밭에 있는 유일한 일꾼이 아니라는 것을 배울 필요가 있다. 다른 일꾼들이 있다. 그리고 하나님은 성장과 추수를 약속한다. 이것을 잘 배우는 것은 우리가 사랑의 피로를 *극복하는* 방법이 될 뿐더러 피로하기 전에 *예방하는* 힘이 될 것이다. 이것은 우리가 한 번만, 그리고 한꺼번에 배우는 교훈이 아니다. 우리는 그것에 대해 우리 자신을 계속해서 상기시켜야 하며 반복해서 행동해야 한다.

나는 사랑의 피로가 나의 삶에서 큰 문제인 것을 고백한다. 나는 내가 책임지고 있는 모임의 사람들에 대한 염려와 관심에 대한 짐으로 일주일에 두세 번 아침 두세 시에 깨며, 내가 나누고 있거나 내가 나누고 싶은 사람들에 대해 생각하지 않고서 일주일을 그냥 보낸 적이 거의 없다.

지금 나는 암에 대항하여 용기 있게 싸우고 있는 젊은 어머니,

그리고 그녀의 사랑이 필요하며, 앞에 닥친 비참한 불행을 이해할 수 없는 그녀의 어린 두 자녀들과 남편에 초점을 맞추고 있다.

그리고 나는 자동차 사고로 아름다운 대학생 딸을 막 잃은 부부를 생각한다. 이런 무자비한 잔인함에 대해 내가 무슨 말을 할 수 있는가?

우울증과 씨름하고 있는 50세 남자에 대한 생각이 나의 마음에서 떠나지 않는다. 잘 나가던 그의 사업은 그를 하향길로 치닫게 하여 밑바닥에 주저 앉혔다. 그는 믿었던 친구들이 자신을 배신하여 혼란을 주고, 상처를 입혔으며, 자신의 대부분의 재정을 쓰러져 가는 이 사업에 투자하였기에 걱정하였다.

오랫동안 각자의 이기적인 방식대로 살아와서 결혼 생활이 거의 파탄 지경에 이른 부부를 어떻게 도울 수 있는가? 그들이 서로에게 행해 왔던 것에 대한 충격과 그들이 잃어가고 있는 것을 감지하게 되었을 때 그들은 필사적으로 도움을 구한다. 그러나 관계에 있어서 이기적인 양식은 너무 자극적이어서 문제를 푸는 것은 고사하고, 그것을 보는 것조차 불가능하기 때문에 도움을 준다는 것은 참으로 어렵다.

때때로 나는 잠도 못 자고 번민하며, '나'라는 사람이 나 하나뿐 아니라 두세 명이기를 바라면서, 하루가 24시간이 아니라 40시간이기를 바라면서, 그리고 영적인 지도와 공급을 돌아가며 골고루 배분하기 위해 보다 많은 능력을 가진 자 이기를 바라면서 한두 시간 동안 누워 있는다.

나는 내가 그러한 문제들을 잘 처리하고 있지 못함을 고백하지만, 그것에 대한 답을 알고 있다. 나는 내가 할 수 없는 것을 하나님과 다른 사람에게 남겨 둘 수 있는 시간이 온다는 것을 믿으면 다소 안심할 수 있다는 것을 계속해서 나 자신에게 상기시킨다.

내가 나 스스로에게 말하여 가장 충격을 주는 말, 그리고 나를 더 분명하게 생각하도록 이끄는 말은 이것이다. "맥시, 너는 하나님이 될 수 없어."

우리는 지금 이러한 원칙을 실천하기 위해서 노력하고 있는 중이다. 그렇지 않은가? 우리만이 그리스도가 가지고 있는 유일한 손과 발이 아니라는 것을 떠올리기는 어렵다. 그러나 그리스도의 삶과 사역을 나누는 다른 사람도 있음을 기억하라. 나는 에드워드 헤일(Edward Hale)이 그의 시 "도움을 청하라"(Lend a Hand)에서 이 문제에 대한 답을 했다고 생각한다:

> 나는 유일한 존재이지만,
> 그러나 또한 한 인간으로 존재한다.
> 나는 모든 것을 할 수 없지만,
> 그럼에도 나는 무엇인가 할 수 있다.
> 나는 모든 것을 할 수 없기 때문에
> 내가 할 수 있는 것을 거절하지 않을 것이다.

우리가 현명하게 살아갈 수 있는 유일한 방법은 우리가 할 수 있는 최선을 다 하는 것, 우리가 사랑할 수 있을 만큼 많이 사랑하는 것, 우리가 가진 에너지를 사용하는 것, 그러나 쉼을 위해 하나님과 다른 사람을 신뢰하는 것이다.

묵상하고 기록하기

최근 당신이 책임감의 무거운 짐을 느낀 아주 어려운 사건들, 혹은 그 일들에 대해 생각해 보라. 이제 그 사건 혹은 일들에 초점을 맞추기 위해 한두 단어로 표현해 보라.

그것들 각각을 살펴보라. 사랑의 피로를 극복해 나가기 위한 제안 중 무엇을 적용할 필요가 있는가? 그 제안은 다음과 같다:

우리가 할 수 있는 것에 한계가 있음을 인식하라.

우리 자신이 할 수 없는 것을 하나님과 다른 사람들에게 남겨 둘 수 있다는 사실로 안심하라.

이런 원칙들의 빛 아래에서 당신의 삶에 요청되는 일들을 묵상하며 잠시 기도하는 시간을 가져라.

*　　*　　*

하루 동안

그리스도와 같은 사랑을 가진 모델이 될 만한 사람 중 한 사람과 이야기를 나누거나 편지를 쓰라는 어제의 제안을 따를 수 있었는가? 만약 그렇지 않다면 오늘 그렇게 하라.

만약 그렇게 했다면, 사랑의 피로에 대해 함께 이야기할 다른 사람을 찾아라 (꼭 모델이 아니어도 상관없다). 사랑의 피로를 극복해 나가기 위한 제안들을 나누고, 그 사람의 반응을 살펴보라.

넷째 날 주님께 나아가기

야곱아, 네가 어찌하여 말하며,
　이스라엘아, 네가 어찌하여 이르기를,
내 사정은 여호와께 숨겨졌으며,
　원통한 것은 내 하나님에게서
　수리하심을 받지 못한다 하느냐?
너는 알지 못하였느냐? 듣지 못하였느냐?
영원하신 하나님 여호와,
　땅 끝까지 창조하신 자는
피곤치 아니하시며, 곤비치 아니하시며,
　명철이 한이 없으시며,
피곤한 자에게는 능력을 주시며,
　무능한 자에게는 힘을 더하시며,
소년이라도 피곤하며 곤비하며,
　장정이라도 넘어지며 자빠지되,
오직 여호와를 앙망하는 자는 새 힘을 얻으리니,
　독수리의 날개치며 올라감 같을 것이요,
달음질하여도 곤비치 아니하겠고,
　걸어가도 피곤치 아니하리로다.

이사야 **40:27-31**

이사야서에 나오는 위의 본문은 사랑의 피로를 극복해 나가기 위한 세 번째 도움을 제시한다: *주님께 나아감으로 당신의 힘을 새롭게 하라.*

그리스도인들은 우리 자신의 힘만으로는 행동할 수 없다는 것을 깨달아야 한다. 우리는 우리 자신이 새롭게 되기 위해 세상에 있지만, 세상으로부터 벗어나면서 삶의 속도, 일과 쉼의 리듬을 정해야만 한다.

우리 자신의 힘으로 갈 때 우리는 곧 지쳐버린다. 그리스도인의 믿음에 대한 중요한 이해가 여기에 강조되어야 한다. *그리스도를 따르는 것과 그리스도 안에 존재하는 것에는 차이가 있다.* 그리스도 안에 거하는 것은 바울이 가장 좋아하는 그리스도인에 대한 정의이다. "그러므로 누구든지 그리스도 안에 있으면 새로운 피조물이라. 이전 것은 지나갔으니, 보라, 새 것이 되었도다"(고후 5:17). 예수님은 우리를 그분 안에 거하도록 부르셨다. "나는 포도나무요 너희는 가지니, 저가 내 안에 내가 저 안에 있으면 이 사람은 과실을 많이 맺나니, 나를 떠나서는 너희가 아무 것도 할 수 없음이라"(요 15:5).

그러나 2세기부터 그리스도인들은 그리스도 안에 거하는 일에 많이 실패하였다. 우리는 기독교의 핵심으로 예수님을 따를 것을 강조해 왔는데, 그렇게 하여 우리는 기독교를 도덕과 윤리의 종교로 전락시키는 경향이 있다. 예수님을 따르는 것은 중요하다. 우리는 그렇게 하도록 부르심을 받았다. 그러나 그렇게 하기 위하여 중요한 것은 바로 이것이다: 우리가 그리스도 안에 있지 않고는, 우리가 그분 안에 거하지 않고는, 오랫동안 예수님을 따를 수 없다. 그러므로 우리에게 능력을 주시는 내주하시는 성령의 능력으로 세상에서 행하기 위하여, 우리 안에 주님의 임재를 갈망하면서 주님을 기다림으로, 그리고 기도하며 주님의 말씀과 그의 백성들과 함께 주님의 임재 가운데서 시간을 보냄으로 우리의 힘을 새롭게 한다.

어떤 사람들은 25년 전 깊은 바다 속으로 사라진 원자력 잠수함인 "유에스에스 드레셔"(USS Thresher)를 기억할 것이다. 사람들은 그것이 왜 가라앉았는지 결코 몰랐다. 단순한 고장으로 그렇게 깊이 사라졌다고 추측했다. 그것은 어느 정도의 깊이까지만 갈 수 있도록 설계되었다.

그것이 사라진 뒤 몇 년 후, 두꺼운 유리에 두껍게 도금하여, 압력에 잘 견딜 수 있고, 산소가 충분히 갖추어져 있어서 *드레셔*가 갈 수 있었던 것보다 훨씬 더 깊게 갈 수 있게 완벽한 또 다른 작은 잠수함을 내려 보낼 수 있었다.

새로운 잠수함을 탄 선원들이 *드레셔*를 발견했을 때 그것은 자체 폭발된 상태로 발견되었다. 그것은 내파에 손상을 입었고, 그 강철 덩어리는 분쇄된 종이 조각 같이 되었다. 그 잠수함 안에 있는 압력은 분명히 외부의 압력을 견딜 수가 없었다.

그러나 그 깊은 바다 속에는 훨씬 더 놀라운 것이 있었다. 그것은 으깨진 잠수함에서 헤엄치고 다니는 바다의 생물들이었다. 그들은 큰 눈을 가졌고 그들의 피부는 매우 얇았다. 그러나 그들은 큰 강철을 으깨었던 환경 속에서 살고 있었다. 어떻게 그들은 그런 압력에서 살아남을 수 있었는가? 과학자들은 이러한 바다 생물들 내부는 바다 속의 압력과 같은 압력을 가지고 있다고 했다.

이 이야기는 하나의 현대적 비유이다. 내주하시는 그리스도는 우리 안에서 그분의 능력이 우리를 지배할 때까지 고양되어야 하며, 우리 자신의 힘이 떨어질 때 우리를 지속시킬 수 있는 힘을 주실 때까지 고양되어야 한다. 만일 우리 그리스도인의 삶의 존 *재*가 그대로 지속되면서 최신식으로 반영된다면 우리는 그리스 도인답게 *행함*을 오래 지탱해 나갈 수 있다.

묵상하고 기록하기

우리가 사랑의 피로를 극복해 나가기 위해 만들었던 세 가지 제안들은 다음과 같다:

1. 우리가 할 수 있는 일에는 한계가 있음을 인식하라.
2. 우리는 우리 스스로 할 수 없는 것을 하나님과 다른 사람들에게 맡길 수 있다는 사실에 안심하라.
3. 주께 나아감으로 우리의 힘을 새롭게 하라.

둘째 날, 당신이 예수님의 사역에 대한 모델로 기록했던 세 사람들을 돌아보라. 이런 원칙들이 그들의 삶에 있는가?

*　　　*　　　*

사랑의 피로를 극복해 나가고 있는 모델들과 또 그것에 대해 이야기를 나눈 사람들을 떠올리라. 여기 제안한 세 가지 외에 당신이 더 제안할 것들이 있는가? 여기에 그것들을 열거하라.

이제 주님 안에서 쉼을 가지면서 기도의 시간을 가지라. 그분이 우리 안에 살아 계시다는 것을 확신하며 그리스도의 임재 가운데서 잠잠하라.

하루 동안

만약 당신이 소속되어 있는 모임이 있다면 그 모임의 구성원들에 대해 생각해 보라. 사랑의 피로로 인해 고통스러워하거나 그와 같은 상황에 거의 도달한 사람이 누가 있는가? 그들을 부르고 격려하라.

만약 소속된 모임을 가지고 있지 않다면 이 시점에서 격려의 말이 필요한 사람이 있는지 생각해 보라.

다섯째 날   시간 관리하기

피차 사랑의 빚 외에는 아무에게든지 아무 빚도 지지 말라. 남을 사랑하는 자는 율법을 다 이루었느니라.

로마서 **13:8**

이 구절은 예수님이 그리스도인의 주된 부르심은 사랑하는 것이라고 분명하게 말씀하신 것을 바울이 반복한 것이다. 새영어성경(New English Bible)은 위의 구절의 일부를 이렇게 번역한다: "서로 사랑하는 것 외에는 특별한 요청을 남기지 말라."

이와 같은 말은 우리가 결코 사랑의 빚을 다 갚을 수 없다는 것을 의미한다. 이러한 의무는 항상 분명하기에 우리 일상의 삶의 한 부분에 압박을 준다. *시간을 어떻게 관리할까?* 우리는 모든 의무를 다 해야 하고, 가족과 친구들에게 시간을 주어야 하며, 가치 있는 일에 재능과 힘을 써야 하는 중압감을 느낀다.

훌륭한 그리스도인 데이빗 라젤(David Lazell)은 다음과 같이 썼다: "당신이 이것을 읽을 즈음 나는 정신병원에 있을 것이다. 내가 정신병원에 머물기 위해 가방을 꾸리는 동안 왜 이런 일이 일어났어야만 했는지 의아했지만, 만일 이렇게 될 바였다면, 내 의지대로 모든 일을 하는 것보다 어느 한 팀의 일원으로 일하였으면 하는 생각을 했다. 그것은 모든 그리스도인이 조만간 혹은 후에라도 부딪치게 되는 질문이다. 우리는 우리 자신에 너무 많은 압박을 주면 안 되게 만들어졌다. 비록 쉬게 하기 위해 신경쇠약에 걸리게 할지라도, 주님은 우리를 쉬도록 만드실 것이다."

데이빗은 그에게 있을 수 있는 이러한 압박들을 더 이상 극복할 수 없음을 알았다. 다행히 병원의 짧은 투병 생활 후에 그는 곧 다시 한 번 정상적인 삶을 계속할 수 있었다. 격려와 상담 그리고 사역의 재배치로 그는 그 이후 줄곧 극복해 나갈 수 있었다(Moyes, p. 96).

우리의 상황은 아주 극적이지도 않고 우리의 치료도 아주 완전하지는 않을 것이다. 우리 대부분은 제한된 시간으로 인해 시달린다.

시간 관리에 관한 많은 책들이 계속 쏟아져 나왔다. 그리고 기업은 많은 돈을 들여 시간 관리법을 배우는 세미나에 간부들을 보낸다. 시간은 값을 매길 수 없는 중요한 필수품이다. 그것은 삶의 소중한 본질이다. 그러나 여기서는 그것에 관한 간단한 주의만을 기울일 것이다. 이 워크북의 시간 관리에 대한 모든 것에는 하나의 의미가 있다. "우리 마음대로 시간을 조절할 수" 있다고 생각하고 일을 할 더 많은 시간이 있기를 바라면서 시간에 쫓길 때조차 시간에 대한 압박은 우리가 가진 모든 문제의 일부이다.

나는 이제 이번 주의 주제, 즉 사랑의 피로와 관련된 시간 관리 문제에 초점을 맞추기 원한다. 분명히 우리는 사용하는 시간을 계획할 필요가 있다. 우리는 "오늘 해야 할 것"의 목록을 만들 필요가 있다. 우리는 휴식을 위해, 그리고 배우자와 같이 있을 특별한 시간을 따로 둘 필요가 있다. 우리는 우리 자녀들을 위해 특별한 시간을 마련하는 것을 간과해서도 안 된다. 시간 관리는 기본적으로 계획해야 하는 것이다.

그러나--이것은 얼마나 큰 계획인가--계획이 우리를 압박감으로부터 안도시켜 주지는 않는다. 시간에 대한 요구는 여전히 거기에 있다. "서로를 사랑하는 요구 외에는 특별한 요구를 하지 말라."

만일 우리가 예수님이 사랑하신 방법대로 사는 데 성실하여 그렇게 산다면, 사랑의 빚은 항상 드러난다.

여기에 대립되는 사실이 있다. *사랑의 빚을 갚는 것은 우리를 신경 과민으로 만들 수 있고, 쫓기는 사람이 되게 할 수 있다.* 우리는 어떻게 이러한 일을 막을 수 있는가? 아니, 그러한 일이 이미 일어났다면 어떻게 바꿀 것인가? 제임스 엥겔(James W. Angell)은 하나의 포괄적인 구성을 제안한다.

> 비록 우리가 우리에게 있는 대부분의 의무를 해결하는 것이 가능하다고 할지라도 우리는 그 의무들을 모두 해결할 수는 없다. 우리는 그렇게 하지 말아야 한다. 빚으로부터 완전히 자유로운 것 혹은 "나는 어떤 사람에게 어떤 빚도 지지 않는다"와 같은 의미 없는 말은 성취가 아니다. 어떤 아이가 부모의 은혜를 갚을 수 있는가? 삶은 어떠한 것에 대한 보상물이 아니다. 그것은 서로를 필요로 하고 있으며, "완전히 지불되는 것"이 아니다; 우리는 영원히 "지불해야 할 계산"을 가지고 사는 것이다 (Angell, p. 70).

이상의 것은 쉽지 않지만, 우리는 그 은혜, 즉 영원히 "지불해야 할 계산"으로 사는 은혜를 알아야 한다.

그것과 함께 우리에게 도움이 될 만한 다음과 같은 제안을 덧붙인다. 우리는 "이기주의자"가 되어야 하며, 우리가 좋아하고 우리에게 힘을 실어 줄 수 있는 사람과 시간을 보내야한다. 제스 라이어 (Jess Lair) 경은 그의 저서 『나는 많이 소유하지 않았지만, 내가 가진 모든 것이 나이다』(I Ain't Much, Baby, But I'm All I've Got)에서 나에게 이 진리를 일깨워 준 사람이다. 그는 이 책에서, 죄에서 벗어난 우리가 좋아하기 힘든 사람들, 우리의 힘을 고갈시키는 사람들, 우리를 회복시키는 데 아무 것도 돌려 주는 것이 없는 사람들과 시간을 보낸다는 사실을 한탄한다. 그 저자나 나는 모든 사람들을 돌보아야 하는 필요를 경시하지 않는다. 예수님은 그에게 찾아오는 요구들에 대해 선택적이지 않았고 우리 또한 그럴 수 없다. 그러나 우리가 좋아하는 사람, 우리에게 힘을 더하는 사람, 우리에게 많은 의미가 있는 사람, 그의 친구가 우리의 경험을 새롭게 하는 사람들과 함께 있을 수 있도록 "이기적으로" 계획한다는 것이 우리에게 더 중요하다.

표면적으로 그것은 이기적인 것처럼 보인다. 그러나 그것은 우리가 살아남기 위해 해야 할 가장 큰 일인지도 모른다.

묵상하고 기록하기

평일 당신과 함께 일하고 시간을 보내는 사람들은 제쳐 두고, 지난 2주 동안 30분 혹은 그 이상 시간을 보냈던 모든 사람들을 떠올려 아래에 기록하라. 그들 가운데 당신의 힘을 고갈시키는 사람들은 (√)에 두고 당신에게 힘을 부여해 준 사람들은 (X)에 두라.

이 름	고갈시키는(√)	힘을 주는(X)

당신은 균형에 대해 어떻게 생각하는가? 당신은 서로 사랑하라는 요청을 충분히 실천하지 않고 있는가? 당신은 사랑의 빚을 갚을 수 없을 정도로 쫓겨 살고 있는가? 당신은 사랑의 빚이 너무나 많아서 갚을 수 없고, 또한 당신을 새롭게 해 주고 힘을 주는 사람들과 함께 시간을 보냄으로 새로워질 수 없는 상황 가운데 있는가?

하루 동안

두 가지 가운데 하나를 오늘 하라. 두 가지 다 할 수도 있을 것이다. (가족을 제외하고) 당신이 좋아하는 사람과 얼마간의 시간을 함께 할 것을 약속하라. 혹은 당신이 좋아하는 사람들 중 한 사람에게 전화해서 당신이 오늘 고심하고 있는 것을 말하라. 그리고 그들이 당신에게 새로움과 힘을 제공하는 사람들 중 하나가 되었음에 감사하라.

여섯째 날　오 주님, 이카보드가 구원받을 수 있나요?

뉴잉글랜드에는 오래된 미국인 구두쇠 무덤이 있다. 그는 살아 있는 동안 자신의 유산을 받고 그것에 대해 12.5%의 이자를 줄 수 있는 사람들에게 미리 자신의 유산을 나누어 주었다. 그가 죽었을 때 그들은 그의 묘비에 이런 비문을 만들었다.

여기 나이든 12.5%가 누워 있다.
그의 저축이 늘어날수록 그의 지출은 더 줄어들었고,
그의 지출이 줄어들수록 그의 저축은 더 늘어났다.
오 주님, 이카보드(Ichabod)가 구원받을 수 있나요?

그것은 좋은 질문이며, 우리가 극복해 나가야 하는 돈과 관련된 문제에 우리를 집중시켜 준다. 우리가 가지고 있는 많은 두려움 가운데 상당 부분이 돈과 관련되어 있다. 많이 가진 사람들은 그것을 어떻게 투자해야 하는지 걱정한다. 혹은 그것을 잃어버릴 것에 대해 불안해 하기도 한다. 극도로 빈곤한 사람들은 굶주림에 대해 걱정한다. 서민인 우리 대부분은 매월 청구서를 지불해야 할 것에 대해 걱정하며, 미래를 위해 투자해야 할 것에 대해 걱정한다.

예수님은 부유한 사람이 낙타가 바늘귀로 들어가는 것만큼 천국에 들어가기 어렵다는 한 가지 경우를 말씀하셨다. 그것은 꽤 강한 어투의 말씀이다. 그렇지 않은가? 인생에서 여유 있는 삶의 위치에 있는 우리들 가운데 몇몇 사람들에게는 이 문제가 어려운 문제이다. 사실상 우리가 돈을 거의 가지고 있지 않다고 할지라도, 세상의 기준에 의해 우리는 부자일 수 있다. 우리가 얼마나 많은 돈을 가졌느냐는 문제가 아니다. 돈은 우리가 극복해 나가야 하는 문제이며, 우리 대부분은 돈과 관련된 문제를 갖고 있다.

돈은 우리가 충분히 갖고 있지 않을 때 문제가 되며, 또한 우리가 너무 많이 갖고 있을 때도 문제가 된다. 그리고 우리가 충분히 가지고 있지만 충분치 않다고 생각할 때도 문제가 된다. 바로 그 돈이 문제이다.

그러나 돈은 위대한 가능성과 큰 축복을 제공하기도 한다. 그러므로 돈은 우리가 극복해 나가야 하는 맥락에서 살펴볼 필요가 있는 것이다. 나는 우리가 극복해 나가는 것을 배울 필요가 있는 삶의 범위 중 하나가 물질의 소유의 영역이라고 믿는다. 그러나 그것은 극복해 나가는 것보다 예방할 수 있는 시각이 필요하다.

그리스도인이 모든 문제의 해결을 시작할 수 있는 곳인 말씀에서 이 문제를 생각해 보자.

> 비유로 저희에게 일러 가라사대, "한 부자가 그 밭에 소출이 풍성하매, 심중에 생각하여 가로되, 내가 곡식 쌓아 둘 곳이 없으니 어찌할꼬 하고, 또 가로되 내가 이렇게 하리라. 내 곡간을 헐고, 더 크게 짓고, 내 모든 곡식과 물건을 거기 쌓아 두리라. 또 내가 내 영혼에게 이르되, 영혼아, 여러 해 쓸 물건을 많이 쌓아 두었으니, 평안히 쉬고, 먹고, 마시고, 즐거워하자 하리라 하되, 하나님은 이르시되 어리석은 자여, 오늘 밤에 네 영혼을 도로 찾으리니, 그러면 네 예비한 것이 뉘 것이 되겠느냐 하셨으니, 자기를 위하여 재물을 쌓아 두고, 하나님께 대하여 부요치 못한 자가 이와 같으니라."
>
> 누가복음 **12:16-21**

여기 돈과 성공에 접근하는 한 가지 방법의 그림이 있다. 이 사람에 대한 두 가지를 주목하라

무엇보다 그는 자신 이외에 다른 것은 결코 보지 않았다. 그것

은 항상 우리를 어려움에 처하게 한다. 돈은 바닷물 같은 것이라서, 마실수록 더 목마른 사람이 된다는 속담이 있다. 이것은 물질적 소유와 관련된 말이 아니겠는가?

당신의 경제적 수준이 어떠하든지 간에, 당신의 삶 속에서 물질적 소유에 대해 생각해 보라. 우리는 마실수록 더 목마르게 되며, 소유하면 할수록 우리는 더 필요하다고 생각한다. 그것은 돈과 물질적 소유에 대한 잘못된 일이다. 그것은 교활하게 움직여서 우리를 지배한다. 그것은 단지 거대한 부에 대한 문제만은 아니며, 우리 모두에 대한 문제이다. 우리는 더 얻을수록 더 필요하다고 생각하며, 가질수록 더 많이 원한다. 우리는 좀처럼 우리 자신 외에는 보지 못한다.

이 사람에 대한 또 다른 하나를 주목하라. 그는 이 세상 외에 다른 것은 결코 보지 않았다. 그의 말을 들어보라: "내가 이렇게 하리라. 내 곡간을 헐고, 더 크게 짓고, 내 모든 곡식과 물건을 거기 쌓아 두리라. 또 내가 내 영혼에게 이르되, 영혼아, 여러 해 쓸 물건을 많이 쌓아 두었으니, 평안히 쉬고, 먹고, 마시고, 즐거워하자 하리라 하되."

날마다 당신의 삶에 명령하는 방식을 살펴보라. 그리고 당신의 관계를 살펴보라. 당신은 다음 달 혹은 내년에 당신이 이곳에 없을 수 있다는 것을 생각하는가? 당신은 어떤 종류의 보물을 찾고 있는가? 당신은 당신의 보물을 어디에 저장하고 있는가? 당신은 영원히 살 것처럼, 이곳이 유일한 세상인 것처럼 살고 있는가? 혹은 당신은 심판대에서 하나님을 만나서 당신의 삶에 대해 변명하도록 요청받을 날이 없을 것처럼 살고 있는가? 예수님은 걱정과 신뢰에 대해 가르치기 위해 위의 이야기에 이어서 부자 농부의 이야기를 하셨다 (22-34절). 그리고 나서 영원한 삶을 바라보도록 우리에게 요구하시면서 이 가르침을 마치셨다. "너희 소유를 팔아 구제하여 낡아지지 아니하는 주머니를 만들라. 곧 하늘에 둔 바 다함이 없는 보물이니, 거기는 도적도 가까이 하는 일이 없고, 좀도 먹는 일이 없느니라. 너희 보물이 있는 곳에는 너희 마음도 있으리라" (눅 12:33-34).

묵상하고 기록하기

마이클 퀘이스트(Michael Quoist)는 그의 책 『기도』(Prayer)에서 "20불 청구서 앞에서의 기도"라는 제목으로 된 마음에 사무치는 묵상의 내용을 말하고 있다. 그는 녹색의 사각 종이, 즉 돈이 할 수 있는 여러 가지 다른 것에 대해 그리고 그것이 손에서 손으로 전달되어지면서 이미 만들어 놓은 것들에 대해 생각하면서 자기 스스로를 발견한다.

돈은 절대적으로 건강이 필요한 사람들에게 건강을 돌볼 수 있도록 해 주며, 혹은 젊은이를 대학교에 보낼 수 있다. 그리고 그것은 어린이를 양육할 수 있게 하며, 또한 축복할 수 있게 하고, 사람을 보호하고 완전하게 하며, 트럼펫을 사고, 여행할 수 있게도 한다. 또한 돈은 누군가가 강탈하거나 전쟁을 일으키도록 자극할 수 있으며, 세상을 파괴할 수도 있다.

이제 돈에 대한 당신의 느낌, 즉 당신이 가지고 있거나 가지고 있지 않은 돈, 당신이 필요한 돈, 돈을 사용하는 당신의 방식을 나타내는 기도문을 써 보라.

하루 동안

오늘은 특별히 돈이 당신의 삶 가운데서, 당신이 당한 어려운
일에서, 당신이 만나는 사람들 가운데서 하는 역할에 대해 살펴
보라. 특별히 어려울 때에 민감하라. 그리고 당신이 얻게 될 메시
지를 발견하도록 하라.

일곱째 날　고통 중에 거할 곳

이번 주의 공부를 마치며, 그리고 그리스도인으로서 자신과 싸
워 극복해 나가는 방법을 제시한 이 워크북의 일정을 마치기 위
해, 마지막으로 매일의 삶에서 부딪치는 억압과 고통과 같은 감
정에 초점을 맞추어 보자. 시편 4편은 매우 직설적으로 그 감정을

다루고 있다:

> 내 의의 하나님이여, 내가 부를 때에 응답하소서.
> 　곤란 중에 나를 너그럽게 하셨사오니,
> 　나를 긍휼히 여기사 나의 기도를 들으소서.
>
> 인생들아, 어느 때까지 나의 영광을 변하여 욕되게 하며,
> 　허사를 좋아하고, 궤휼을 구하겠는고? (셀라)
> 여호와께서 자기를 위하여
> 　경건한 자를 택하신 줄 너희가 알지어다.
> 　내가 부를 때에 여호와께서 들으시리로다.
>
> 너희는 떨며 범죄치 말지어다.
> 　자리에 누워 심중에 말하고 잠잠할지어다. (셀라)
> 의의 제사를 드리고,
> 　여호와를 의뢰할지어다.
>
> 여러 사람의 말이 우리에게 선을 보일 자 누구뇨 하오니,
> 　여호와여, 주의 얼굴을 들어 우리에게 비춰소서.
> 주께서 내 마음에 두신 기쁨은
> 　저희의 곡식과 새 포도주의 풍성할 때보다 더하니이다.
>
> 내가 평안히 눕고 자기도 하리니,
> 　나를 안전히 거하게 하시는 이는 오직 여호와시니이다.
> 시편 4편

이 본문은 고통과 억압을 다루는 모델을 제공한다. 시편 기자는 주님에게 "고난 중에 거할 곳"을 달라고 요청하고 있다. 위로와 피할 곳, 여러 중압감 속에서 살아갈 수 있는 방법, 그것은 바로

우리에게 필요한 것이 아닌가?

시편 기자가 제시하는 모델은 세 가지의 해결책을 언급하고 있다. 첫째로, *당신의 문제를 직시하라.* 문제는 피한다고 없어지지 않는다는 것이다. 오히려 그 반대이다. 우리가 문제를 피하려 할 때 그것들은 더 확대되며, 우리의 마음 속에서 자라고 더 험악하게 된다. 만약 우리가 우리의 문제를 인식하지 않고 맞서지 않으면, 우리는 하나님께 이러한 문제를 가져가서 그분의 도움을 받을 수 있는 기회를 결코 만날 수 없다.

시편 기자는 우리가 고통스러울 때 거할 수 있는 두 번째 해결책을 제시한다. 그것은 *기도 생활을 하며 성장해 가라는 것이*다. 그리고 본문의 3, 4절에 나타나 있듯이, 은밀한 방법으로 하라고 한다: "여호와께서 자기를 위하여 경건한 자를 택하신 줄 너희가 알지어다. 내가 부를 때에 여호와께서 들으시리로다. 너희는 떨며 범죄치 말지어다. 자리에 누워 심중에 말하고 잠잠할지어다."

여기에서 강조하는 기도에 대한 두 가지 중요한 요소가 있다. 첫째, 하나님께서는 인간이 지속적인 기도로 자신을 준비하며, 영적으로 교통할 수 있을 때까지 인간에게 주실 수 없는 것들이 있다는 것이다. 해리 에머슨 포스딕(Harry Emerson Fosdick)은 『기도의 의미』(The Meaning of Prayer)라는 자신의 책에서 이 부분을 다신 한 번 상기시킨다. "기도는 집을 치우고, 창문을 깨끗이 하고, 커튼을 걸고, 테이블을 정돈하며, 문을 여는 것이다. 하나님께서 '집이 준비되었다. 이제 손님을 맞아 드리라'고 말할 때까지." 시편 기자는 이 부분을 다음과 같이 표현한다. "자리에 누워 심중에 말하고 잠잠할지어다." 그러므로 기억하라! 하나님께서는 인간이 기도로 준비하고 영적으로 교통할 수 있을 때까지 인간에게 주실 수 없는 것들이 있다.

둘째, 시편 기자가 우리에게 가르치듯이 기도는 *우리 자신과 만나 이야기하는 것이다.* 많은 사람들은 자신과의 정직한 대면을 위해서라기보다, 오히려 자신으로부터 도피하고자 할 때 기도한다. 기도하면서 우리는 우리 자신을 하나님께, 그리고 우리 자신 앞에 정직하게 내어놓는다. 그 때 당신 자신에게 물어보라. 나는 어떤 목적을 위해 만들어졌는지, 내가 어떠한 삶을 이끌어 왔는지, 그리고 어떠한 시간을 잃어버렸는지, 어떠한 사랑을 남용하였는지, 어떠한 분노를 가지고 있었는가에 대해서 말이다.

우리가 이런 식으로 하나님께 나아갈 때 우리의 고백은 변화로 바뀌게 된다. 변화를 위한 무대를 만든 것이다. 프리츠 쿤켈(Fritz Kunkel)은 그의 저서 『성숙의 추구』(In Search of Maturity)에서 이러한 점을 분명히 언급했다.

우리 안에서 발견한 것을 표현하는 것, 하나님 앞에서 솔직하고 거침없이 표현하는 것, 비록 깨닫지 못한다고 할지라도 우리 존재에 대한 책임을 생각하는 것, 그리고 우리의 고통스러운 부분들이 해결되기를 하나님께 구하며 혹은 긴 시간 동안 우리의 고백 속에서 흘러나온 아픔의 부분들이 치유되기를 하나님께 요청하는 것, 이러한 것들은 종교적 자기 교육의 심리학적 방법이다. 그것은 우리의 무의식을 의식으로 가져오는 한 가지 방법이고, 우리의 잠재력을 세워가도록 조절하는 방법이다. 그리고 그것은 책임감을 성숙시키는 방법이며, 또한 시편 기자의 오래된 방법이다: "자기 허

물을 능히 깨달을 자 누구리요? 나를 숨은 허물에서 벗어나게 하
소서. 또 주의 종으로 고범죄를 짓지 말게 하사, 그 죄가 나를 주
장치 못하게 하소서" (시 19:12, 13, Moffatt).

어느 목회자나 심리학자 앞에서가 아닌, 하나님의 임재 가운데
서 모든 일들은 완전하게 변한다. 만약 당신이 형제를 미워하며
모든 증오를 다 퍼붓는다면, 그러나 동시에 당신이 할 수 있는 만
큼 많이 하나님의 임재를 기억하지만 당신의 증오가 변화되지 않
는다면, 그 때 당신은 하나님의 임재나 혹은 당신이 가지고 있는
증오 어느 것도 충분히 깨닫지 못하며, 아마도 둘 다 알지 못할
것이다. 보다 더 정직하게, 당신의 감정에 배출구를 열어 놓으라.
지금 당신은 형제를 미워한다: 하나님의 존재를 생각하고, 그분
앞에서 당신이 느끼는 것을 말하라. 그분을 발로 차고 할퀴어 보
라. 이제 당신은 열 살이다. 당신의 의자에서 일어나라! 나이든
부처가 된 듯이 앉아 있지 말라. 마루 위를 천천히 걸으며 소리치
고, 가구를 주먹으로 치며 당신 자신을 표현하라. 당신이 지칠 때
까지, 아니면 당신 자신에게 웃을 때까지 크게 소리지르고 화를
내라 (Kunkel, pp. 253-54).

당신은 그것이 극단적이라고 생각할지 모른다. 그러나 당신
자신의 개성, 그리고 당신 자신의 방식에 맞추기 위해 그렇게 조
정해 보라. 그러나 당신 자신과 만나 이야기하는 것이라는 요점,
즉 "자리에 누워 심중에 말하고 잠잠할지어다"라는 구절을 놓치
지 말라.

"고난 중에 거할 곳"을 제시하는 세 번째 지시는 시편 기자가
언급한 대로 아주 단순하고 직접적인 것이다. 그것은 주를 *의뢰
하라*는 것이다. 8절을 보라. "내가 평안히 눕고 자기도 하리니,
나를 안전히 거하게 하시는 이는 오직 여호와시니이다." 시편 기

자는 어떻게 이러한 행동을 취할 수 있었는가? 그것은 주를 신뢰했기 때문인데, 다음의 두 가지 이유 때문에 시편 기자는 주님을 신뢰할 수 있었다.

그는 하나님의 과거의 행하심을 기억했다. 하나님은 항상 그를 위해 일을 행하셨다. 1절에서 말하고 있는 것이 그것이다: "고난 중에 내게 거할 곳을 주셨사오니."

시편 기자는 과거에 하나님의 행하신 일을 보았을 뿐더러 현재에 그의 백성들을 위한 하나님의 목적을 확신했다. 이것이 시편 기자가 하나님을 신뢰할 수 있었던 두 번째 이유였다. 그것을 3절에서 언급하고 있다: "여호와께서 자기를 위하여 경건한 자를 택하신 줄 너희가 알지어다. 내가 부를 때에 여호와께서 들으시리로다." 이 구절 가운데 "여호와께서 *들으시리로다*"라는 동사의 시제가 *현재 시제*라는 것을 주목하라.

우리가 하나님을 신뢰하면 하나님은 우리에게 고난 중에 거할 곳을 주신다. 위로와 자유가 즉시 오지 않을 수 있지만 분명히 올 것이다. 시편 기자가 우리에게 가르치는 교훈을 연습해 보라.

1. 당신의 문제를 대면하라.,

2. 지속적인 기도의 삶을 살아가며 그것을 성장시켜 가라.

3. 주님을 신뢰하라.

우리가 이런 교훈을 배우고 실습한다면, 우리는 항상 고난 중에도 여유를 발견할 것이다.

묵상하고 기록하기

　오늘이 이 워크북의 마지막 부분이므로, 6주 동안의 여정을 묵상하면서 가능한 한 오래 앉아 있으라. 당신이 경험했던 것, 떠올랐던 질문들, 당신이 세웠던 결단, 당신이 발견한 방향, 되살아난 진리를 표현하는 단어나 문장들을 기록하라. 이것은 오직 당신만을 위한 것이므로, 당신이 여기에 기록했던 것을 앞으로 되돌아볼 몇 달 동안 당신에게 말하고 싶은 것들을 기록하라.

하루 동안

당신은 이 시간부터 당신의 삶, 특별히 당신 삶의 문제되는 부분을 "너희와 항상 함께 있으리라"(마 28:20)는 그리스도의 언약의 시각에서 보기 위해 매일 얼마간의 시간을 갖도록 결단하라.

지침 사항: 만일 당신이 이 책을 가지고 나누는 모임의 일원이라면 당신은 이 6주 여행의 의미를 그 모임에서 나누라고 요청받을 것이다: 당신이 받았던 통찰력, 떠올랐던 질문들, 일어났던 변화, 그리고 당신이 했던 의탁들. 모임에 앞서 당신의 책을 복습하고 나누기 위해 몇 가지를 기록할 수 있는 시간을 가지라.

여섯째 주를 위한 그룹 모임

도 입

이 모임은 현재 그룹의 마지막 모임이다. 당신은 이미 후속 모임을 갖기로 계획했을 수도 있다. 오늘 그 계획을 확정하라. 어떤 그룹들은 이 워크북의 두세 단원을 다시 함께 공부하기도 하고, 다른 그룹들은 다른 교재를 선택하여 모임을 계속하기도 한다. 그러나 어떻게 하든지, 지속적인 모임과 구성원들의 효과적인 참여를 위해 정확한 시간 계획을 세우는 것이 좋다.

멤피스에 있는 우리 교인들에게 매우 효과적이었던 또 다른 가능성은 이 과정을 마친 한두 사람이 다른 사람들을 모아 새로운 그룹을 인도하는 것이다. 많은 사람들이 소그룹을 통한 성장을 원하고 있다. 이러한 모임은 그러한 필요를 채워 줄 수 있는 한 방법이다.

함께 나누기

1. 사랑의 피로에 대해 이야기하면서 시작하라. 착하고 선한 일을 하다 지쳐 있음에 정직하라.
2. 사랑의 삶을 살고 있다고 둘째 날 기록한 사람들의 이름을 묻고, 그 사람들 중 한 사람에 관하여 두세 문장으로 묘사하라.
3. 우리가 할 수 있는 것에는 제한이 있다는 것을 인정하고 받아들

이는 것을 방해하는 것은 무엇이며, 우리는 왜 우리가 할 수 없는 것들을 하나님과 다른 사람에게 남겨 두지 않으려고 하는지 토론하라.

4. 그리스도를 따르는 것과 *그리스도 안에* 있는 것과의 차이점에 대해 이야기하라. 그룹 안에서 누군가 변화되었는가? 당신이 변화된 경험에 대해 이야기하라. 당신이 비록 완전히 변화되지 않았다 해도 그리스도 *안에* 있었기 때문에 힘을 얻었던 경험이 있는가? 그룹 안에서 구성원들이 경험한 것들과 그 차이를 가능한 분명히 하도록 하라.

5. 자신들을 고갈시키기보다는 오히려 힘을 주는 사람들과 함께 "이기적인 시간"을 보낸 것에 대한 반응을 나누도록 하라.

6. 돈과 관련되어 극복해 나가야할 주요한 문제들을 말하라.

7. 자신과 만나 이야기하는 개념으로써 기도에 관하여 이야기해 보라. 이것은 새로운 개념인가? 누가 이 역동적인 기도의 경험을 나눌 수 있는가?

8. 그룹의 구성원들에게 다가왔던 6주 동안의 본 여정의 의미, 그리고 그들이 가진 질문들, 받은 영감들, 일어난 변화들, 그들이 헌신했던 일들에 대해 나눌 수 있도록 토론의 시간을 균형있게 사용하라 (기도를 위해 시간을 절약하라).

함께 기도하기

1. 각각 지난 6주간의 여정을 통해 자신들에게 일어났던 중요한 것들에 대해 두세 문장으로 하나님께 감사의 기도를 드릴 것을

요청하며 기도의 시간을 시작하라.

2. 그리스도인으로서 자신과 싸워 극복해 나가기 위해 이미 내렸거나 앞으로 내릴 결단이나 헌신에 대해서 나눌 수 있는 기회를 주라. 이것은 구체적이어야 한다. 한 사람이 자신의 결단에 대해서 나눌 때마다 다른 한 사람이 그 사람을 위해 감사와 격려의 기도를 하라.

3. 성도가 헤어질 때는 서로를 축복하며 인사한다. 그 중 하나로 "주님의 평화를 전하는" 방법이 있다. 한 사람이 다른 사람의 손을 잡고 눈을 쳐다보며 "주님의 평화가 당신과 함께 하시기를"이라고 하면, 받은 사람은 "주님의 평화가 당신에게도"라고 응답한다. 다시 새로운 사람에게 "주님의 평화가 당신과 함께 하시기를"이라고 인사하면, 받은 사람은 "주님의 평화가 당신에게도"라고 응답한다. 원형으로 서서, 인도자부터 시작해서 이 평화의 인사를 하라.

4. 평화를 전하는 인사가 끝나면 좀더 자유로운 방법으로 서로 인사하라. 자유스럽게 이동하면서 각 사람에게 적합하다고 느끼는 축복의 말은 무엇이든 하라. 혹은 아무 말도 하지 않고 서로 껴안아 주는 것도 좋은 방법이다. 당신만의 방법으로 지금까지 이 여정을 함께 한 사람들을 축복하라.

참고 도서

이 워크북에 인용된 자료는 본문에 저자와 그 책의 페이지를 기록하여
놓았다. 한 저자의 책이 한 권 이상 인용된 경우에는 그 인용문 안에
책 제목을 포함시켜 놓았다. 각 자료의 참고 도서 목록은 다음과 같다.

Angell, James W. *Learning to Manage Our Fears*. Nashville:
Abingdon, 1981.

Augsberger, Myron. *The Communicator's Commentary*, V. 1. Waco:
Word Books, 1982.

Aurandt, Paul. *More of Paul Harvey's The Rest of the Story*. New
York: William Morrow, 1980.

Beers, V. Gilbert. "Forgive God?" *Christianity Today*, October 4,
1985.

Council, Raymond J. *Pastoral Psychology* V. 31, 1982.

Dunnam, Maxie. *The Sanctuary for Lent*, March, 1981.

__________. *The Sanctuary for Lent*, April, 1983.

Fisher, James T. and S. Hawley Lowell. *A Few Buttons Missing*.
Philadelphia: Lippincott, 1951.

Fitzgerald, Ernest A. "It's Alright to Worry," *Piedmont Airlines*,
July, 1985.

Forsberg, Clarence. "Even Preachers Get the Blues." *Unpublished
Sermon*. September 5, 1982.

Gore, Robert J. "The Lord *Is* Holding Kirby, After All," *Los Angeles
Times*, July 7, 1981.

Hobe, Phyllis. *Coping*. New York: Guideposts, 1983.

Holmes, T. H. and R. H. Rahe. *Journal of Psychomatic Research*, V. 11, 1967.

Hubbard, David Allan. *More Psalms for All Seasons*. Grand Rapids: Eerdmans, 1975.

Johnson, Ben. *You Are Somebody*. Atlanta: Forum House, 1973.

Jordan, Clarence. *The Cotton Patch Version of Paul's Epistles*. New York: Association Press, 1968.

Kennedy, Eugene. *The Pain of Being Human*. Garden City: Image Books, 1974.

Kline, Nathan S. *From Sad to Glad*. New York: Ballantine, 1974.

Kunkel, Fritz. *In Search of Maturity*. New York: Scribner's, 1946.

Miller, Jolonda. *You Can Become Whole Again*. Atlanta: John Knox, 1981.

Moyes, Gordon. *The Secret of Confident Living*. Australia: Vital Publications, 1978.

Ogilvie, Lloyd. *Making Stress Work for You*. Waco: Word Books, 1984.

Palmer, Earl F. *The Communicator's Commentary*, V. 12. Waco: Word Books, 1982.

Paton, Alan. *Too Late the Phalarope*. New York: Scribner's, 1953.

Schmidt, Joseph F. *Praying Our Experiences*. Winona, MN: St. Mary's College Press, 1980.

Spurgeon, C. H. *The Treasury of David*, Vol. 1. London: Passmore and Alabaster, 1880.

Stearns, Ann Kaiser. *Living Through Personal Crisis*. New York: Ballantine, 1985.

Wuellner, Flora Slosson. *Prayer, Stress, and Our Inner Wounds*. Nashville: The Upper Room, 1987.

도서출판 세 복의 발간 도서

QT를 위한 묵상집

날마다 솟는 샘
존 T. 시먼즈 지음 / 이영기 옮김 / 크라운판 (양장본) / 초판 1쇄 / 378쪽 / 12,000원
사복음서에 나타난 예수님의 삶과 가르침을 통하여 일 년 동안 큐티를 위한 매일의 영적
양식으로, 독자의 영적 삶을 풍성하게 해 주는 책.

하나님의 임재를 연습하라
로렌스 형제 지음 / 스티브 트락셀 편집 / 류명욱 옮김 / 신국판 / 초판 2쇄 / 172쪽 / 6,500원
일상 생활 속에서 하나님을 사랑하라는 명령을 실천하는 것이 무엇인가를 보여 주어
하나님의 임재 안에서 사는 법을 훈련할 수 있는 명저.

새신자 및 초신자에게 추천할 책

나는 어떻게 예수님을 만났는가?
홍성철 편집 / 신국판 / 초판 1쇄, 개정판 9쇄 / 328쪽 / 7,000원
각계 각층에서 그리스도의 향기를 진하게 풍기고 있는 21명의 신앙 고백으로, 새신자
및 전도용 선물로 최적인 책.

당신의 생애도 변화될 수 있다
알란 워커 지음 / 홍성철 옮김 / 신국판 / 초판 2쇄 / 104쪽 / 4,000원
삶의 목적과 변화를 원하는 모든 현대인들에게 예수 그리스도가 제공하는 구원의 은혜
로 변화된 생애를 살 수 있도록 도전하고 길잡이 역할을 할 명저.

첫 걸음부터 주님과 함께
션 던 지음 / 전현주 옮김 / 신국판 / 초판 1쇄 / 112쪽 / 3,500원
반복되는 일시적인 결단의 공허함을 극복할 수 있는 원리를 제시하며, 그 원리를 삶에
적용할 때 믿음의 진보와 주님과 하나 되는 매일의 삶으로 인도하는 책.

목회자를 위한 강해 설교집

고난 중에도 기뻐하라 (빌립보서 강해 설교)
홍성철 지음 / 신국판 / 초판 2쇄 / 506쪽 / 10,000원
고난 중에도 기뻐할 수 있는 사도 바울의 비결을 성경적으로 파헤치고, 목회적으로 제
시한 41편의 강해 설교집.

눈물로 빚어 낸 기쁨 (룻기 강해)
홍성철 지음 / 신국판 / 초판 1쇄 / 182쪽 / 6,000원
룻기에 감겨진 아름다운 이야기를 새로운 각도로 접근하여 전개한 강해집.

심령의 호소를 들으시는 하나님 (시편 강해 1-23편)
이태웅 지음 / 신국판 / 초판 1쇄 / 304쪽 / 7,500원
시편을 기록한 지 수천 년이 지났으나, 시편 기자들이 경험한 변함없는 하나님의 실재
와 냉험한 현실 사이에서 의에 주리고 목말라하는 사람에게 한 모금의 냉수와 같은 책.

알기 쉬운 히브리서 (히브리서 강해)
네일 라이트푸트 지음 / 홍성철 옮김 / 신국판 / 초판 1쇄 / 244쪽 / 7,500원
대제사장이요 단번에 드려진 속죄물이신 예수 그리스도를 소개하여 모든 그리스도인들
의 신앙을 깊게 하며 예수 그리스도를 깊이 만나게 하는 명저.

요한복음 강해 (I-IV)
강선영 지음 / 신국판(양장본) / 초판 1쇄 / 590쪽 / 권당 12,000원
저자가 6년여 동안 요한복음을 연구하며 설교한 것을 정리한 펴낸 강해 설교집.

우리에게 일용할 양식을 주소서 (주기도문 강해 설교)
홍성철 지음 / 신국판 / 초판 2쇄 / 228쪽 / 6,000원
주기도문에 나타난 하나님의 영광과 우리의 필요를 깊이 조명시켜 주는 강해 설교집.

교역자 및 지도자에게 추천할 책

가정교회   21세기 목회의 새로운 대안
박승로 지음 / 신국판 / 초판 1쇄 / 214쪽 / 7,500원
교회 성장을 위하여 소그룹의 특성을 살리며 살아 있는 교회의 세포인 "교회 안의 작은
교회"의 가정교회의 사례 연구와 교회 갱신의 전략으로서 구체적인 방향을 제시한 책.

목회자의 자기 관리
로이 오스왈드 지음 / 김종환 옮김 / 신국판 / 초판 2쇄 / 276쪽 / 7,000원
자기 관리에 게으르거나 무관심한 그리스도인이 어떻게 자기 관리를 해야 하는지 구체
적으로 제시하는 책.

복음주의 실천신학개론
복음주의 실천신학회 편 / 신국판(양장본) / 초판 3쇄 / 430쪽 / 13,000원
한국 교회의 목회자와 그리스도인들에게 신학의 복음주의적인 안목을 갖게 함으로 목
회 현장을 더욱 풍요롭게 하는 지침서.

불타는 전도자 존 웨슬리
홍성철 지음 / 신국판 (양장본) / 초판 3쇄 / 344쪽 / 10,000원
존 웨슬리가 어떻게 불타는 전도자가 될 수 있었는지를 제시하여, 현대 그리스도인들도
불타는 전도자가 되도록 인도해 주는 책.

성령 안에서 설교하라
데니스 F. 킨로 지음 / 홍성철 옮김 / 신국판 / 초판 3쇄 / 176쪽 / 4,500원
방법과 기교를 강조하는 현대 설교에서 성령의 임재를 회복할 수 있는 설교의 원리와
방법을 분명하게 제시하는 책.

영혼을 돌보는 목자

캐롤 와이즈, 존 힝클 지음 / 이기승 옮김 / 신국판 / 초판 1쇄 / 248쪽 / 6,500원
잠재력이 있는 영혼들을 돌보는 사역을 감당하고자 하는 목사, 전도사, 평신도 지도자,
구역장 등에게 안내자 역할을 하는 책.

웨슬리안 조직신학

오톤 와일리, 폴 컬벗슨 지음 / 전성용 옮김 / 신국판 / 초판 1쇄 / 570쪽 / 15,000원
신학의 기초 과정을 위한 교과서일 뿐만 아니라, 평신도들이 사용할 수 있도록 간략하
면서도 체계를 갖춘 기독교 교리를 제시한 신학의 고전.

평신도를 위한 묵상집

기적을 만드는 사람들

워렌 위어스비 지음 / 구교환 옮김 / 신국판 / 초판 1쇄 / 182쪽 / 6,000원
사도로 변화된 베드로의 이야기를 통해 현대의 그리스도인들이 하나님의 기적을 만들
며 살아가도록 도전하는 책

너희는 나를 누구라 하느냐?

존 T. 시먼즈 지음 / 홍성철 옮김 / 신국판 / 초판 1쇄 / 198쪽 / 6,500원
예수님의 인격과 비유와 기적을 통해 "너희는 나를 누구라 하느냐?"에 대한 질문을 신학
적으로나 신앙적으로 명쾌하게 제시한 책.

십자가 앞에서

리차드 바우크햄, 트레보 하트 지음 / 김동욱 옮김 / 신국판 / 초판 1쇄 / 156쪽 / 5,000원
십자가 앞에 서 있던 열한 명의 삶의 관점에서 십자가를 묵상하므로 우리의 삶을 깊이
있게 변화시켜 줄 것을 기대할 수 있는 책.

평신도에게 추천할 책

그리스도의 마음

데니스 킨로 지음 / 홍성철 옮김 / 신국판 / 초판 1쇄 / 188쪽 / 6,000원
성령이 믿는 자에게 주시는 "그리스도의 마음"이 의미하는 바가 무엇인지 잘 설명해 주
는 책.

당신의 인생을 다시 시작하라

데일 겔러웨이 지음 / 류선욱 옮김 / 신국판 / 초판 1쇄 / 202쪽 / 6,500원
인생에서 위기를 당하거나 상처를 입었을 때 어떻게 극복할 수 있는지 저자 자신의 경험
을 통해 새롭게 일어날 수 있는 길을 감동적으로 조명해 주는 책.

상처난 아버지와의 관계 회복

제임스 L. 쉘러 지음 / 이기승 옮김 / 신국판 / 초판 2쇄 / 272쪽 / 7,000원
인생의 풀리지 않는 아버지와의 문제들이 무엇이며 그것을 어떻게 다루어야할지, 더
나아가 하나님 아버지께로 인도하는 책.

성결의 아름다움

베인즈 에트킨슨 지음 / 홍성국 옮김 / 신국판 / 초판 1쇄 / 184쪽 / 5,500원
성결이라는 성경적 진리의 핵심에 직면하여 마음의 감동과 함께 성결하게 되는 것을
체험하도록 인도해 주는 책.

성령과 동행하라

스티븐 하퍼 지음 / 홍성철 옮김 / 신국판 / 초판 3쇄 / 224쪽 / 5,500원
기독교 영성이 무엇이며, 또 어떻게 그 영성을 체험하고 유지할 수 있는지에 대한 좋은
안내자가 되는 책.

성령님, 나를 변화시켜 주세요   그리고 사용하여 주세요

커리 매비스 지음 / 홍성철 옮김 / 신국판 / 초판 1쇄 / 180쪽 / 5,500원
분노와 죄의식 등 감정의 문제들이 어떻게 성령의 역사로 변화되어 성장할 수 있고,
주님께 쓰임받을 수 있는가를 제시하는 책.

성령의 충만을 받으라

존 T. 시먼즈 지음 / 홍성철 옮김 / 신국판 / 재판 4쇄 / 152쪽 / 4,000원
성령의 충만과 능력을 갈구하는 모든 그리스도인에게 그 방법을 단계적으로 제시한 책.

잃어버린 퍼스날리티를 찾아서

최병전 지음 / 신국판 / 초판 1쇄, 개정판 1쇄 / 206쪽 / 5,000원
구원은 받았지만 인격의 상처는 개인과 가정과 교회와 사회에 문제를 일으키는 것을
진단하고 해결의 실마리를 제시하는 책.

최후의 승리

어네스트 젠타일 지음 / 이혜숙 옮김 / 신국판 (양장본) / 초판 1쇄 / 398쪽 / 15,000원
예수님의 영광스러운 재림이 어떠할 것인지를 알려 주고, 영적으로 깨어서 기쁨으로
준비할 수 있게 할 역작.

현대인을 위한 존 웨슬리의 메시지

스티븐 하퍼 지음 / 김석천 옮김 / 신국판 / 초판 2쇄 / 168쪽 / 5,000원
존 웨슬리의 메시지를 현대인을 위해 재해석한 책으로, 현대의 그리스도인들에게 빛과
방향을 제시해 주는 책.

전도 및 선교를 위한 안내서

타문화권 복음 전달의 원리와 적용

존 T. 시먼즈 지음 / 홍성철 옮김 / 신국판 / 초판 3쇄, 2판 2쇄 / 342쪽 / 8,000원
복음과 타종교와의 관계 및 복음 전달의 원리와 방법을 깊게 다루어 복음 전달의 이론적
인도자가 되는 명저.

현대인을 위한 복음전도의 성경적 모델

홍성철 지음 / 신국판 / 초판 1쇄 / 320쪽 / 10,000원
복음적인 안목으로 성경에 접근하고자 하는 그리스도인과 복음전도 지향적인 설교를
준비하는 사역자를 위해 길잡이 역할을 할 명저.

회심 거듭남의 의미와 적용
홍성철 편집 / 신국판 / 초판 2쇄, 개정판 2쇄 / 224쪽 / 6,000원
기독교에서 가장 핵심적 교리인 "회심"의 문제를 신학적, 경험적, 적용적으로 이 분야의
권위자들이 다룬 9편의 글.

그룹 교재로 활용할 수 있는 책

그리스도인의 문제들 어떻게 극복할 것인가?
맥시 더남 지음 / 하도균 옮김 / 신국판 / 초판 1쇄 / 264쪽 / 7,000원
그리스도인이 매일의 삶 속에 당면하는 문제들을 어떻게 대처하고 극복해 나갈 수 있는
지 안내하는 책.

성령의 열매와 생활
맥시 더남, 킴벌리 더남 레이스먼 지음 / 박재승 옮김 / 신국판 / 초판 1쇄 / 270쪽 / 7,000원
그리스도인의 믿음을 강화시켜 줄 재료로 일곱 가지 기본 덕목을 제시하며, 하나님이
창조하신 대로 선한 자가 되어, 독자를 성령의 열매를 맺는 생활로 안내하는 책.

영적 훈련
맥시 더남 지음 / 이연승 옮김 / 신국판 / 초판 1쇄 / 230쪽 / 7,000원
승리하는 그리스도인의 삶을 형성하기 위한 훈련 과정의 워크북으로, 개인적인 묵상뿐
만 아니라 소그룹에서 사용할 수 있는 훈련 교재로도 적합한 책.

예수님처럼 사랑하자
맥시 더남 지음 / 류명욱 옮김 / 신국판 / 초판 1쇄 / 202쪽 / 7,000원
사도 바울의 사랑장인 고린도전서 13장의 내용을 구체적으로 파악할 수 있고, 독자로
하여금 사랑할 수 있는 구체적인 사랑의 길로 인도하는 책.

죽음에 이르는 죄 어떻게 극복할 것인가
맥시 더남, 킴벌리 더남 레이스먼 지음 / 서대인 옮김 / 신국판 / 초판 1쇄 / 288쪽 / 7,000원
피할 수 없는 일곱 가지 죄가 우리의 삶에 어떻게 나타나며, 이러한 죄를 다루는 방법을
제시하여 죄를 극복하게 하는 책.

중보기도
맥시 더남 지음 / 구교환 옮김 / 신국판 / 초판 1쇄 / 266쪽 / 7,000원
본서는 중보기도의 이해를 도울 뿐만 아니라, 개인이나 그룹이 중보기도를 실제로 하게
하기 위한 구체적이고 실제적인 지침서.

그리스도인들의 신앙 고백 / 전기

거룩한 삶을 산 믿음의 영웅들
웨슬리 듀웰 지음 / 홍성철 옮김 / 신국판 / 초판 1쇄 / 312쪽 / 8,000원
거듭난 후 성령으로 충만함을 받은 경험을 하고 하나님이 사용하신 믿음의 영웅들 열네
명의 전기집.

나는 어떻게 예수님을 만났는가?

홍성철 편집 / 신국판 / 초판 1쇄, 개정판 9쇄 / 328쪽 / 7,000원
각계 각층에서 그리스도의 향기를 진하게 풍기고 있는 21명의 신앙 고백을 기록한 책.

사망의 골짜기를 지날지라도

볼레터 스틸 크림리 지음 / 유정순 옮김 / 신국판 / 초판 1쇄 / 158쪽 / 4,500원
말로 다 표현할 수 없는 인간의 비극 가운데서 하나님의 평강을 발견한 저자의 믿음과
용기에 관한 능력 있는 체험적인 이야기.

수잔나 존 웨슬리의 어머니

아놀드 댈리모어 지음 / 김석천 옮김 / 신국판 / 초판 2쇄 / 230쪽 / 6,000원
존과 찰스 웨슬리의 어머니 수잔나의 경건의 모범, 자녀 교육과 양육, 고난과 어려움을
이겨 풍성한 영적 유산을 남겨 준 이야기.

위대한 그리스도인들은 어떻게 성령의 충만을 받았는가

제임스 로슨 지음 / 홍성철 옮김 / 신국판 / 초판 2쇄 / 298쪽 / 7,000원
하나님의 장중에 사로잡혀 위대하게 살았던 20명의 감동적인 성령 충만의 체험담을 기
록해 놓은 책.

존 웨슬리 그의 생애와 신학

로버트 G. 터틀 2세 지음 / 김석천 옮김 / 신국판 / 초판 1쇄 / 480쪽 / 13,000원
하나님께 전적으로 헌신하며 살았던 존 웨슬리의 이야기를 통해 독자를 예수 그리스
도의 충만한 믿음으로 인도하는 책.

하나님의 회초리 능력을 위한 사랑의 매

스탠리 탬 지음 / 성미영 옮김 / 신국판 / 초판 1쇄 / 234쪽 / 6,500원
어떻게 하나님의 능력을 갖게 되고, 기도의 응답을 받으며, 매일 당면하는 문제를 초월
하여 승리하고, 열매 맺는 삶을 누릴 수 있는지를 체험적으로 쓴 책.

영어권 독자에게 추천할 책

How I Met Jesus

John Sung-Chul Hong 편집 / 신국판 / 초판 1쇄 / 296쪽 / $9.99 (10,000원)
『나는 어떻게 예수님을 만났는가?』의 영어판. 한국 평신도 남녀 각 5인, 한국 목사 5인
및 외국인 5인의 신앙 고백.

기독교 고전 시리즈 (1-16권 / 문고판 / 초판 2쇄 / 권당 1,500원)

1. 왜 하나님은 무디를 사용하셨는가   R. A. 토레이 지음 / 홍성철 옮김

2. 보다 깊은 삶   로버트 머레이 맥체인 지음 / 구교환 옮김

3. 하나님의 임재를 연습하라   로렌스 형제 지음 / 이소연 옮김

4. 성결   J. C. 라일 지음 / 서대인 옮김